如果科学可以这么搞

新版

以科学的名义
回答那些最"搞"的
奇葩问题

［法］安东尼奥·菲谢蒂 — 著

［比利时］卡玛格卡 — 绘

周劲松 — 译

Antonio Fischetti
Kamagurka

QUESTIONS
IDIOTES ET
PERTINENTES SUR
LE GENRE HUMAIN

中国致公出版社

图书在版编目（CIP）数据

如果科学可以这么搞：新版 /（法）安东尼奥·菲

谢蒂著；周劲松译.-- 北京：中国致公出版社，2020

ISBN 978-7-5145-1666-1

Ⅰ.①如… Ⅱ.①安… ②周… Ⅲ.①科学知识－普

及读物 Ⅳ.① Z228

中国版本图书馆 CIP 数据核字（2020）第 072974 号

著作权合同登记号：图字 01-2020-2730

Questions idiotes et pertinentes sur le genre humain : 36 réponses pour en finir (ou pas)

avec les idées recues by Antonio Fischetti the Author, and KAMAGURKA the Illustrator

© Editions Albin Michel-Paris 2012

Current Chinese translation rights arranged through Divas International, Paris

巴黎迪法国际版权代理（www.divas-book.com）

Simplified Chinese Edition © 2020 by United Sky (Beijing) New Media Co.,Ltd

All rights reserved.

如果科学可以这么搞：新版 /［法］安东尼奥·菲谢蒂 著；周劲松 译.

出 版	中国致公出版社	
	（北京市朝阳区八里庄西里 100 号住邦 2000 大厦 1 号楼 西区 21 层 100025）	
发 行	中国致公出版社	
	未读（天津）文化传媒有限公司（010-52435752）	
作品企划	联合天际·边建强	
责任编辑	方 莹	
特约编辑	王羽霄	
美术编辑	梁全新	
封面设计	左左工作室	
印 刷	三河市冀华印务有限公司	
版 次	2020 年 7 月第 1 版	
印 次	2020 年 7 月第 1 次印刷	
开 本	880mm×1230mm 1/32	
印 张	7	
字 数	110 千字	
书 号	ISBN 978-7-5145-1666-1	
定 价	45.00 元	

关注未读好书

未读 CLUB
会员服务平台

前　言

在本书中出现的问题虽然看上去有点"犯二"，但它们却绝对不是愚蠢的，这些问题是中肯的，因为对这些问题的解读会打开我们人类行为中尚未被关注的那些方方面面。

为了解答这些问题，我从各类科学文献中汲取精华，要知道这些问题覆盖了许多领域的内容：社会学、心理学、社会心理学（正好是前两者交叉的领域）、进化心理学（试图通过达尔文进化论来解释我们人类的行为）、语言学、心理分析学……

与此同时，千万不要想在这本书里找到唯一而最终的答案。针对每一个问题，不同的解释是可能的，讨论争议的空间还是敞开的。也正因为如此，科学，尤其是人文科学，才能向前推进。

最后，如果您是名字比较特别的人、同性恋、裁判员、女权主义者，或者是喜欢脱毛的人、毛多的人、大个儿、小个儿、意大利人、抑郁的人（对不起，还有那些我忘记列出的人），希望我的书没有伤害到您，但是我相信书中涉及的科学问题都是超越意识形态范围的。

目 录

1.

人的性格塑造人的面孔吗？

因人的长相就对人有偏见是不对的。一个骗子会长得很顺眼，而一个乐善好施的人却可能长得像个杀人犯。但话说回来，有些时候这还是很符合的。对我来讲，有些人第一眼看上去就是蠢人样，然后，再看第二眼，他们真的是，蠢人。别跟我说您从未碰见过。

但是我说的"蠢"，不是说生理上，比如神经上或者智商。我说的其实是日常生活中的"蠢"，每天能碰见的，每个人用主观意识来形容的（其实真的不好定义，因为我们每个人都是其他人的"蠢"人）。但无所谓，实际上问题的真正含义还是有的，那就是：人的相貌与他的性格是否有关联？

为了讨论这个问题，我们可以从纳粹头目这里开始，看看是否有关联。因为这些纳粹头目都在厚颜无耻和凶残方面做出了自己的证明（蠢，这个形容词在这里都显得太弱了）。到互联网上寻找一下他们的嘴脸吧。鲁道夫·赫斯(Rudolf Hess)和艾尔曼·格

林 (Hermann Goring) 都可以说明问题。如果不是纽伦堡审判没给机会，他们带着棱角的嘴脸直接可以在电影行业里专门扮演那些系列杀手的角色。但是希姆莱 (Himmler) 就不是那么明显了：他椭圆的脸庞可以使人相信他是个煤气公司勇敢的雇员，当然得换身制服。甚至是希特勒，如果把他的胡子刮去，给他戴上顶羽毛的礼帽，他完全是一个奥地利蒂罗尔的歌手啊。换成那些刑事犯罪分子，比如马克·杜特鲁 (Marc Dutroux) 或者是米歇尔·福尔尼雷 (Michel Fourniret)，这事儿就不是那么简单了，特别是他们的照片都是经过一晚拘留所拘留或者在刑事法庭被起诉人围栏里拍摄的。在这种环境下，就是皮埃尔神父都会被拍成精神变态者。

这么一说，貌似只有在电影里那些坏人才必须有坏人的嘴脸。美国学者斯蒂芬·珀特 (Stephen Porter) 也通过研究证明了这点 [1]。他给一些路人展示了若干面孔的照片，然后问这些人是否会根据照片上的面孔来判断信不信任这个人。这些照片一半是诺贝尔奖或者人权奖获得者，另外一半则是在美国被通缉的犯罪分子。结果是：路人对这些面孔的判断根本是随机的，犯罪分子与具有高尚人格的人一样被信任或者误解。

这证明形态心理学是行不通的。这门科学曾经在 19 世纪非常流行，让众多科学家痴迷于通过对面孔的识别继而识别犯罪分子，

---

1. 来源于 2008 年 3 月 Porter S. et al. 发布于 *Canadian Journal of Behavioural Science* 上的文章《脸是灵魂的窗口吗？对人脸可信度的直观判断的准确度调查》。

但他们最终失败了。但这是否说明这件事情就此了结了呢？是否面孔不会泄露精神层面的事情？不是那么肯定……一旦我们不讨论犯罪问题而是讨论人的性格问题时，问题就复杂了。

很多有关面孔与性格之间关联的研究成果在很严肃的科学刊物上刊登。比如说心理学家尼古拉斯·儒勒(Nicholas Rule)的研究成果[1]。他使用的照片是美国政客的面孔照片，包括共和党人和民主党人。他将这些照片展示给那些不认识这些政客的人，要求他们仅仅根据面孔照片（这些照片当然是在服装等方面没有任何可以区分的暗示）来猜测这些人是什么党派的。这些人居然成功地区分出了共和党人和民主党人！研究学者还说："共和党人表现更为强势，而那些民主党人则是更为热情。"所以难道真的是面孔与政治立场存在着客观关联吗？这个论断看上去是完全愚蠢的，尤其是看出是哪些政党的党员。需要承认的是法国国民阵线(Front National，法国极右政党)的那些安保人员的嘴脸与那些好学校衣装得体的人的面孔还是很不同的，但这仅限于对面孔比较的判断。如果对其他的判断，则需要超越这些外表的差异，比如一边是剃光头，另外一边则是编得整齐的小辫子或者小山羊胡子。

尼古拉斯·儒勒也曾经复制过这种实践经验调查，但用的是大型企业高管的面孔照片[2]。他要求路人仅仅根据照片来判断这些

1. 来源于 2010 年 1 月 RULE N.O., AMBADY N. 发布于 *PloS ONE* 上的文章《民主党人和共和党人可以从面孔来区分》。
2. 来源于 2011 年 RULE N.O.,AMBADY N. 发布于 *The leadership Quarterly* 上的文章《面孔与财富：通过执行合伙人的面孔推理其性格，可以预知律师事务所的经营是否成功》。

人的工作能力。好像在这点上还是外形占了上风：那些被路人们认为工作上有能力的人也确实是在过去一年里给公司带来较大利润的员工。

其他的研究成果总结到面孔可以表现其本人的攻击性（比如冰球运动员中那些最成功的射手是那些有着粗汉嘴脸的人，脸宽额头低[1]），甚至能表现人的性生活（那些性方面容易得手的人据说是可以通过一张他们的照片而被识别的[2]）。根据这些研究成果，那些有着"粗汉的面孔"或者从眼睛里就能"闻到性味道"好像是得到证实的现象……好吧，必须要质疑一下，因为这些研究成果并没有得到证实。所以在得出结论之前必须要特别小心。

尽管如此，我们可以假设面孔与性格直接有关联。这样可以提供几种可能的解释。首先是目光的表达，大家也知道目光能表达出情感和思想。对于面孔的形状，这就稍微复杂了。有可能男性荷尔蒙——睾丸酮会同时对性格和面孔有影响。比如一个体内睾丸酮比例高的人会更有一副很雄性的面孔和比较有主导性的行为。可以通过这个来解释尼古拉斯·儒勒关于政客和企业高管人员的调查结果。对于第一类，主导性行为主要是在共和党一端（相当于法国的右派政党），对于企业高管人员来讲，主导性行为产生了企业行为的攻击性。

---

1. 来源于 2009 年 10 月 Carré J.M et al. 发布于 *Psychological Science* 上的文章《面部结构是攻击性行为的可靠线索》。
2. 来源于 2008 年 3 月 Boothroyd L.G. et al. 发布于 *Evolution and human Behavior* 上的文章《面部与社会性行为的相互关系》。

但是面孔与性格之间关联这个问题也可以有另外的解释，特别是通过情感在面部肌肉上留下的痕迹，科学家们称为"道林·格雷"效应[1]。比如说经常生气的结果是面部肌肉变形，最终结果是即便不生气也总是一副愤怒的面孔。这么说面孔的特质不是天生而是后天获取的，我们可以模仿西蒙娜·德·波伏娃的那句话"女人不是天生的，而是变成的"：人不是天生有着蠢货的嘴脸，是后来形成的。

最后，面孔与性格的关系也可以是社会约束的结果。我们潜意识中去贴合别人对我们的看法。有一张雄性面孔的人会更容易被他人认为是带头人，这也便于他在企业内部攀升。最后的结果是他越来越符合其他人因他的身体情况而形成的认知模板。同样，如果您周边的人视您为具有攻击性或者具有很强性吸引力的人——因为您的面相给他们的印象如此——您也有可能逐步改变您的行为来符合他人对您的印象。

无论是面孔与性格是否真的有关联，这个想法本身就是很模棱两可的。没必要去想蠢人是否有个特别的嘴脸，更关键的是要记住人不要因有个蠢人的嘴脸而去做蠢人或蠢事。想象一下希特勒做园林苗圃工人，对于避免以貌取人来说，这是一个很好的练习。

---

1. 来源于 1998 年 Zebrowitz L.A. 发布于 *Personality and Social Psychology Bulletin* 上的文章《跨越生命周期的外观与个性之间的关系》。

2.

为什么同性恋者说话总是很特别?

有些男人，只要一听他们说话，人们就能断定他们是同性恋者。您明白我说的吧？就是说起话来有点娘娘腔，有点特别。当然了，绝大部分同性恋者不是这么说话。必须要与那些仇视同性恋者的言论做斗争，他们动辄就将同性恋者认为是从电影《笼中女狂》（*La cage aux folles*）里跑出来的漫画人物。在这里我们要正式说明一下：本文中所提到的"同性恋者"是说"部分同性恋者"。所以严格定义后，我们要讨论的话题是：部分同性恋者说起话来有些特别的音调。

仔细想来还是有些让人惊讶。一般来说，性取向不应该对声带有影响。无论是异性恋还是同性恋，性偏好不应该会导致用某种特别的音调说话，至少我是这么理解的。那么同性恋者怎么会改变说话的音调呢？

首先我们要确认一下，"同性恋腔"仅仅是一种印象。有研究人员将几种男性嗓音——异性恋或是同性恋，播放给不同的人群听：这些人能准确地识别出其中的同性恋者，而这仅仅是通过听嗓音 [1] 来判断的。对比异性恋者，同性恋者的嗓音更有尖细的趋势而且会在不同情况下发生变化 [2]。

怎么来解释呢？我们可以首先推测部分男同性恋者有有意识或无意识地模仿女性说话特点的倾向。如果是这样的话，嗓音的女性化就跟部分同性恋者走起路来要扭胯一样，不过是在声音层面上。

说话的方式也是表明自己属于同性恋者群体的一种手段。似乎可以说"同性恋腔"也是众多"社会标识"之一，类同于服饰或者发型特点……从这个角度讲，这些社会标识有着被认可的特点和主动性，也表明了想加入这个群体的欲望。

最后我们也可以假设"同性恋腔"仅仅是一种口音，类似于我们会不由自主地 "模仿"周边人的说话方式。现实中存在着众多口音，比如最常见的是那些我们说的"地方口音"，受到生活区域影响；比如说我们在普罗旺斯、阿尔萨斯或皮卡迪(Picardie)……也存在所谓的"社会口音"；比如同是工人，属于大布尔乔亚阶层与"郊区年轻人"就有着不同的说话方式。地方口音多数是由出生地而决定，相对而言我们很容易跳出社会口音的局限。但无论如何，总的原则是一样的：潜意识的声音模仿。

---

1. 来源于 2006 年 McDonald E.C. 发布于 *Journal of phonetics* 上的文章《通过研读语音判断男女性取向的声学和直觉基础 》。
2. 来源于 2011 年 5 月 Baeck H. 发布于 *Journal of voice* 上的文章《男同性恋者的音高特点》。

口音不分年龄，甚至可以说初生儿的哭声都带着口音。刚刚出生三到五天的法国婴儿和德国婴儿的哭声就不同[1]。法国出生的婴儿的哭声是逐渐升高的音调，而德国婴儿的哭声音调是逐步走低（就好像是在乐谱上分别走向高低音阶）。这种哭声习惯有可能是婴儿还在母体中时听到周边成人的说话方式而掌握的。这就说明口音是多么常见。

动物也会有自己的口音。同类但不同区域的鸟类鸣叫方式也不同。同是夜莺，布列塔尼地区的鸣唱声就是与普罗旺斯的不同。这是因为它们要更贴近于生存环境，就必须要学习周边其他鸟类的习惯……这与我们人类要学习语言是完全一样的。

动物还会有一种我们可以定义为"社会口音"的叫声。灵长类动物学家阿尔邦·拉玛松（Alban Lamasson）的研究成果表明，在一种名为莫纳·坎贝尔（Mona Campelle）的猴族群中，如果两只母猴越相互喜欢，待在一起的时间越长，它们的叫声就越接近。这也就是我们说的"嗓音趋合"。好友或者同车间的工友们长时间待在一起也会有着同样的语言特征，这也是同种表现。

说了这么多，其实想说的是潜意识地模仿我们最亲近的人是一种普遍现象。如果说在初生儿或者动物身上都能够看到这一点，那么我们也不必惊讶在巴黎人、马赛人、布尔乔亚或郊区青年人……身上同样有这样的特点，也包括同性恋者。不过在地方口音、

---

1. 来源于 2009 年 Mampe B. 发布于 *Current Biology* 上的文章《新生儿的哭声音调取决于其母语》。

社会口音的基础上，我们也可以说某些同性恋者发明了"性口音"。我们将这种口音视为识别标识，同时也可以认为是给人类语言多样化又增添了一种。

3.

为什么人们都觉得蜘蛛可怕而猫咪很可爱?

无论怎么说，如果比较蜘蛛和小猫，在人类情感轴线上，这两类动物代表着两个不同的位置。首先，确实有人在自己的客厅里养着狼蛛，但这些人的数量比起在家里养猫的人就少太多了。需要承认的是蜘蛛更让人害怕（根据统计，3.5%的人害怕蜘蛛）。对于猫的恐惧——所谓恐猫症至少让您知道还有这种毛病——相对来说更为罕见。据说拿破仑是恐猫症患者之一，还有著名的16世纪诗人龙沙（Ronsard），他甚至还为此写了几句对猫并不是特别友好的诗句——《致贝洛书》(Epître à Belleau):

　　"在世一生，真恨当属极少

　　然猫则是当属其一，可谓恨之入骨

　　恨其眼睛，恨其额头，恨其目光

　　仅是偶遇，我就要躲之夭夭

　　神经紧张，血管膨胀，肢体哆嗦……"

对于猫来讲，幸运的是这样的憎恨并不是普遍现象，大多数人认为猫还是很可爱的。其实这正是怪异之处。为什么在这个浑身是毛又爱抓人又不是我们同种的动物面前，我们大多数人会变得很温柔？事实上，为了讨得我们的温柔，这些猫有一利器：它们模仿人类的婴儿！当然这是很微妙的事儿。长着胡子，耳朵尖尖的婴儿基本看不到。但猫与婴儿之间有共同点：眼睛大大的，还有大脑门。这都是属于婴儿时代最典型的特征。正因为如此，它们才会激起我们潜意识中的温柔的本能（至少是我们其中不少人）。其实狗也是如此，但是或多或少地要分狗的种类。广泛地说，家养动物都或多或少有着这种"儿化"或"童年化"特征。要说明的是这当然不是动物主观意识产生的战术，而是人类筛选的结果——自从人类有了将某些野生动物家畜化，成为人类生活伴侣的想法之后。

事实上，人类与猫或狗的这种关系并不寻常。在自然界，当两种动物共存的时候，会有两大类情况。要么是双方能相互找到某种利益所在，于是互助。比如那些给张嘴鳄鱼剔除牙缝中残留物的鸟：鸟从中获得食物，鳄鱼则得以清洗牙床。另外一种情况是属于寄生关系，例如：布谷鸟占用其他鸟类的巢穴。于是乎，我们就可以讨论，猫狗与人到底是属于互助还是寄生关系呢？那它们给我们带来什么了呢？当然是乐趣、安慰、玩耍……但这并不属于被我们称为可再生的好处。猫和狗作为人类的伴侣，不能改变人类生存的机会，而它们的生存机会则要依赖于我们提供的猫粮、狗粮。如果按照达尔文的理论，猫和狗是完全符合寄生动物的定义的。猫和狗的主人应该是唯一对这种寄生事实负有责任的生物，这几乎是在动物世界里唯一存在的情况。幸运的是，人为这些小动物付出了爱，而又收到了回报，虽然这可能是种错觉——这可能是对人类本身无用的，但至少会让人感到美好，所以达尔文理论还是一边去吧。

关于对蜘蛛的恐惧，反倒是可以用进化论来解释。我们的史前祖先应该在他们的岩洞里没少碰见这类昆虫。对这些昆虫产生恐惧感也就可以让他们避开这些危险，于是相应地减少毒虫咬伤的概率。久而久之，这种恐惧也就写入了人类的基因。

另外，对蜘蛛恐惧的女性多于男性。不，这不是女性厌恶主义的论断，蜘蛛恐惧症在女性中的比例是男性的四倍[1]，而且似乎是天生的。有研究人员将蜘蛛的照片展示给一岁的婴儿，这些照片都伴随着或是微笑的，或是恐惧的面孔。当蜘蛛的照片伴随着一张带着恐惧表情的面孔时，女性婴儿观看的时间明显高于男性婴儿。对于研究人员来说，这表明女性对蜘蛛的恐惧倾向更为强烈。女性对蜘蛛的恐惧也是可以用生物进化论来解释的：种群的延续中，母亲的角色要比父亲重要得多，源于对蜘蛛的恐惧，母亲们会更注重对自己和孩子的保护。

但是生物进化论并不能完全解释这一问题。如果说对蜘蛛的恐惧是源于对真实风险防范的生理继承，那么也要对其他有攻击

---

1. 来源于 2009 年 Rakison D.H. 发布于 *Evolution and Human Behavior* 上的文章《女性对于蛇和蜘蛛的极大恐惧是来自其婴儿期？》。

性甚至比蜘蛛更有毒性的动物、昆虫产生恐惧心理——熊、马蜂、蝎子等。但问题是这些动物引起的恐惧要低于对蜘蛛的恐惧。

正因为如此，其他的解释假设被推了出来。对于英国生物学家格拉汉姆·戴维(Graham Davey)来讲，对蜘蛛的恐惧，其源头更多是文化因素而不是生物因素[1]。这位研究人员的考虑原则是，其实蜘蛛引起的厌恶超过了对蜘蛛的恐惧。这要追溯到中世纪的流行病传播：蜘蛛可能是流行病菌的载体继而扩散流行病，也正因如此在我们的社会中传递着对蜘蛛的厌恶。

对于蜘蛛的恐惧也可以通过心理分析学来解释。根据弗洛伊德的说法，最初的恐惧是源于生殖器被阉割的焦虑(对于女孩来说，恐惧或许来源于被侵犯的焦虑)。这种焦虑会被潜意识地投放到其他的东西上，在这里是蜘蛛——蜘蛛和其蔓延出来的腿脚，黑色带着毛的身体就是一个完美的焦虑载体，象征着这种性恐惧。

可以确信的是，在每一个恐惧故事的背后，都有着一段很个人化的故事。可以是一段让人产生创伤的记忆，比如因为某天在床上发现了一只蜘蛛或是因为家庭对蜘蛛的恐惧而代代相传的某种心理暗示……

无论如何，没有一种解释是可以通用的。否则的话，人类都该共享这种恐惧。而这不是事实，在非洲和南美洲，人们对蜘蛛的恐惧就不是那么明显，而恰恰是在这些地方与蜘蛛相遇的可能

---

1. 来源于 1994 年 2 月 Davey G.C.L 发布于 *Society and Animals* 上的文章《令人厌恶的蜘蛛："蜘蛛病"的作用和恐惧的延续》。

性更高。在巴西，人们会发现那些普通且无攻击性的狼蛛从一家窜到另外一家，悠然地爬行着，但没人去干扰它们，甚至孩子们会收养它们作为家庭宠物。

所以说蜘蛛恐惧症并不是不可治愈的。它仅仅是比恐鸡症或者兔子恐惧症更为广泛一些而已。

4.

金发女郎的头脑也同样迷人吗?

不是，我真不是嘲笑金发女子们。金发女子比较愚蠢的名声会经常在玩笑或各种暗示中出现，但我知道它并不是经常会让人开心的。

还是把事情说开了：金发女子并不比黑发女子更愚蠢。至少是没有任何数据来说明，比如没人用智商 (IQ) 来比较。

但至少从社会角度来讲，金发女子被认为是愚蠢的这件事并不是没有原因的。有可能金发女子有这种坏名声的原因是她们在总人口数量中的比例要比黑发的低。但这些对金发人的嘲讽在那些以金发人为主的国家也存在——这点我验证过了，比如在芬兰、瑞典或挪威。

在我们讨论金发女人的头脑之前，我们最好还是别讨论她们的身材。因为如果说我们真的认为她们是愚笨的，这肯定不是因为我们认为她们很性感。

虽然不需要科学研究来说明，但是有了具体数据说话就更清晰。社会学家做过计算，真正的金发女子仅仅占美国女性人数的5%，但30%的美国小姐，41%的《花花公子》内页女郎是金发女子[1]。其他的研究经验也证明，同一女子，自然黑发的，如果她戴上个金色发套后在夜店里会有更多的人过来搭讪，或者在路边搭车的话有更多的男司机愿意停下[2]。最后，如果您真的想了解，您可以到网上性用品商店，您会发现绝大多数的充气娃娃是金发的。

金发女郎的性吸引力是可以从生物学角度解释的。因为头发的金色会被潜意识认为是年轻的标记。因为小孩子的头发最初都是浅色的，然后慢慢变深（这也就是在西方，为什么小孩子被称为小金发孩的原因）。如果以一张照片来判断年龄的话，将一位黑发女子的头发改成金色[3]会让人错误判断她的年龄，显得更为年轻。金发就等于年轻，于是从遗传学角度讲，男人就应该是被设置成去爱这些金发女人，因为这符合生物种群的繁殖原则：越是与年轻的女子交合越是有机会获得可以生存下来的孩子。

这种相貌上的优势，金发女子还是会因此直接受益。通过在酒吧中的研究[4]表明，男性顾客给金发女服务员的小费要比给黑发

1. 来源于 Guéguen N. 所著《100种有关吸引力的心理学小练习》，Dunod 出版社，2007 年。
2. 同前一条。
3. 来源于 2001 年 Hinsz V.B. 发布于 *Journal of Experimental Social Psychology* 第 37 期上的文章《女性的头发是其生殖潜能的标记？》。
4. 来源于 2012 年 Guéguen N. 发布于 *Journal of Socio-Economics* 上的文章《头发的颜色与工资：金发的女服务员活得更惬意》。

女服务员的多出 25%（女性顾客则不会多给金发女服务员小费）。研究人员通过计算发现，一位金发女服务员通过多收到的小费，每月会比黑发女服务员多赚 1000 欧元。所以从财务角度讲，把头发染成金色还是很值得的。

如果说金发的性吸引力可以给女服务员带来更多的利益，这是完全可以理解的。但是让人惊讶的是，在那些不该有感官吸引力的行业，金发也有其影响力。在澳大利亚的一份涉及 12 000 名职业女性的社会调查[1]结果证明：涉及多种行业，同样工作能力的情况下，金发职业女性平均比黑发职业女性工资高出 7%——这相当于多出一年学习经验所带来的工资差。这条消息最好还是别在大学的阶梯教室里散布出去，否则大多数女大学生会跑到周边的理发店排队染发去了，闹得教室里稀稀拉拉的没人。更令人惊讶的是不仅金发职业女性的收入高，她们的丈夫收入也高。一份研究表明，金发职业女性的丈夫们比黑发职业女性的丈夫们工作收入要高出 6%！是不是可以总结出一个男人如果娶了金发女性就更容易有薪金提升呢？或者说金发女性更喜欢嫁给那些富有的男性？这个问题到现在还没解决……

无论怎么说，如果说金发女性的薪金待遇高过黑发女性的话，这肯定不是因为人们觉得她更聪明。我们可以认为金发女性比较愚蠢的传言仅仅限于开玩笑这个层面，大家开这样的玩笑，但

---

1. 来源于 2010 年 Johnston D.W. 发布于 *Economics Letters* 上的文章《外貌与工资：金发女性更惬意？》。

并不当真。但是真不是这样，金发女性被认为真的是很"愚蠢"的。这也是下一个案例所要展示的。不同的女性照片[1]被研究人员展示给路人们，要求这些人仅仅根据照片来评估照片中每一位女性的职业能力。结果是：这些金发女性被认为相对低能。所以这又得回到前面我们所说到的内容，如果您是位女性，将头发染成金色之前还是要深思熟虑：您可能生活水平有所提高，但是同时也失去了一些可信度。

在这之上，染金发有可能会对您的工作效能产生影响。这其实是一个已经经过研究证实的事情，无论是社会学还是心理学角度都证明，我们会潜意识地将我们的行为与外界对我们的评价挂钩。如果一个人始终被认为是无能的，最后他真的会成为无能的人。成见的能量有时候会超过想象。

我们这里可以借用一个令人惊讶的试验，它是由法国萨瓦大学(Université de Savoie)的心理学研究员克莱蒙缇娜·布里(Clémentine Bry)[2]完成的。她首先对几个小组的调查对象进行了文化常识的问卷调查。在某些组里她事先加入了一些金发女子的照片让组员们看，别的组里是黑发女子的，还有一组是没有照片的。然后呢？仅仅是看到金发女子的照片就对文化常识内容调查的结果有影响，但影响的幅度不一样。这与调查对象受到的事先

---

1. 来源于 1996 年 2 月 Kyle D.J., Mahler H.I.M 发布于 *Pyshcology of Women Quaterly* 上的文章《头发颜色和美容用品对女性能力认知的影响》。
2. 来源于 2008 年 Bry C. 发布于 *Journal of Experimental Social Psychology* 上的文章《像我一样的金发女郎：当自我构建时，适度的固有成见对智力的影响》。

影响有关。如果他们自认比较其他小组更为"独立"的话，见到金发女子的照片会让他们获得更好的成绩：好像是看到了一个被视为蠢人的形象，同时又与她没有什么关系，会让他们变得更聪明。但是调查对象自认与其关系是"相互依赖"，结果就会相反：看到金发女子的照片后，他们的成绩会差一些——好像是出于同理心(empathy)的角度，看到名声是比较蠢的人，并且感到与他们关系比较相近的话会使得他们不那么出色。

这些都是因为我们对金发女子大脑的固有成见造成的。但是这个大脑，事实上，我们又知道些什么呢？基本无知。有一件事情基本是属实的：她们的政治观点。确实，她们更偏于右派政治观点。在这点上，是您忠实的侍者，本书作者本人证实的。与在本书中涉及的调查不同，我的调查没有在科学杂志上发表，因为这不是我的职业。但其实也是值得发表的，因为整个演示过程是无法反驳的。

这是我当时在法国国民阵线(Front National，极右政党)做媒体报道时突发的灵感。在我周围我看到了什么？基本全是金发女子。于是我就想更多地了解一下。于是我为《谈论》(Causette)杂志做了一个深度调查，调查的内容是金发与政治观点[1]。

我选择了三组调查对象。两组调查对象是职业从政人员：包括那些在政党里各个部门的负责人，那些被选举为地区议会代表

---

1. 来源于 2010 年 9 月 Fischetti A. 发布于 *Causette* 上的文章《金发女性怎么投票？》。

的女性。至于第三组调查对象，我是从根据政治观点划分阵营的社交网站上提取的样本。针对每组调查对象，我根据女性的政治观念和头发颜色收集编组了一些照片。这样就有了十多组数据，鉴于过程比较烦琐，就不跟大家展示了，但这些数据给出的结论导向是一致的：在金发女性中，更多是持右派观点的而不是左派。比如说在地区议会代表一组中，国民阵线 (FN) 女议员中 62% 是金发女性，UMP(人民运动联盟，右派) 女议员中 55% 是金发女性，而法国社会党 (PS) 女议员中仅有 25% 是金发女性。在那些社交网站中，44% 的金发女性在右派网站，而 23% 在左派网站。法国布列塔尼大学的社会心理学研究人员尼古拉斯·古尔古恩 (Nicolas Guéguen) 对此进行了相应的数据计算，目的是看看这些数据在统计学上是否是有效的，结果是确实有效。[1]

　　这个调查已经是毫无争议的了，但《谈论》杂志走得更远，它要求社会调查研究所 IFOP 做了一次无论是形式上还是内容上都符合要求的社会调查。这次社会调查的研究对象取样数量是 924 人，她们代表了 18 岁以上的法国女性的社会构成。在这其中，自称政治观点偏于法国左派的女性中，IFOP 研究所统计出 19% 的金发女性 (5% 的自然金发，14% 的染色金发)。如同我们能预料到一样，在那些自称偏右派的女性中，27% 的女性是金发女性 (8% 的自然金发，19% 的染色金发)。无论我们怎么调查，结果还

---

1. 计算是这样的：通过一个规模数据的计算来验证根据调查研究对象数量的不同，黑发女性 / 金发女性的区别不是偶然的。

是有效的：金发女性比黑发女性更为偏右派。

　　这是一个完全可以解释的结果。首先要说的是大多数的金发女性并不是自然金发而是染色的。染成金色实际是透露出一个从社会角度看非常明显的吸引信号，可以总结是："我是一位女性，我是靠我的相貌吸引人的。"依赖相貌来吸引异性可以说是一种很传统的性角色观念——从社会和历史角度来讲，这是个更符合右派政治思想的观念，而不是左派的。与此相反的是，一位左派的女性更多是从两性平等的角度出发，更偏于："我与男性是完全平等的，我不愿意被当作性工具"——这种思维不会让人有染发的想法。

　　这是针对那些染成金发的女性说的。但如何解释自然金发的女性会更多地投入右派的思想阵营呢？我们可以做出下列解释：那些自然金发女性，被认为是很性感的，同时也是属于人群中的少数群体，所以她们有很多崇拜追随者。于是，会有更多的机会参与社交活动，来吸引那些有名望并富有的男性，简单地说能够进入社会中的享乐阶层。众所周知这个社会并没有免费的午餐，所以要讨论到钱。而对于钱来讲，这更多是右派的政治思想范围，这是个很自然的事情（一般来讲是这样的：在那些高档社区里的投票表决结果就可以证明）。

　　最后，这些经验显示，作为女性的发色是金色还是黑色不是没有其原因的。那些关于金发女性的固守成见虽然是很荒谬的，但它们在心理和社会学角度的影响并非不是现实。对于那些使得金发女性成为受害者的成见（金发女性比较笨蠢），我只能找到一种解释：黑发女性出于嫉妒而维持，而男性维持这种成见的原因是自己的床上没有金发美女。

5.

替罪羊到底有什么用?

在所有的人类行为中，丑恶的行为为数不少。其中最令人发指，同时又是非常过时的就是通过找一个替罪羊来发泄各种情绪。

在一个企业或学校里，很有可能有一位他或她成为公共替罪羊。替罪羊也可以是某一个民族或者种群，他们被指责是所有问题的源泉。在人类发展历史过程中，犹太人就曾经经常扮演这个角色。在中世纪的时候，流言说犹太人通过在井里下毒来传播瘟疫；在 20 世纪 30 年代，流言又说他们通过制造经济危机获取暴利致富。替罪羊可以是各种形式的。在 1994 年，卢旺达境内的胡图族人（Hutus）就嫁罪于图西族人（Tutsis）。在今天，在非洲的某些国家中（民主刚果、安哥拉、尼日利亚……）那些性格刚烈或者残疾的儿童被认为是"巫师"，继而遭到虐待甚至被杀害。

在替罪羊的无名墓碑上还要加上那些无辜的人，他们在某一个时代遭受到疯狂人群实施的酷刑。还包括那些被宗教机构以胡乱名义当作祭品的人（在古罗马或者阿兹特克时代，这是非常流行的行为）。

寻找替罪羊并不是一种因社会环境或在特殊历史环境下的偶然性或者少见行为。它是深深地烙印在人类的行为中的。如果需要证明这一点，最简单的例子就是儿童——替罪羊的常见客户。在所有的学校操场上，经常会有一位学生因为不起眼的事情被其他学生粗暴对待。起因可以是无缘无故的或者是有组织性的，这是根据时代不同而不同的（在我写这本书的时候，趋势是这样的：比如一些孩子商定某天的服装颜色不能出现什么颜色，而在同学中穿这个颜色最多的学生就会被其他孩子"推搡殴打"一整天）。之所以寻找替罪羊这个行为会这么根深蒂固地存在，是因为它存活在人类心理最阴暗的角落里。

噢，对啊，为什么是山羊[1]，不是绵羊或者公鸡来替罪呢？这是源自《圣经》。准确地说是在《利未记》中说到一只山羊："在永恒的面前，人们奉献上这只活着的山羊，它将用于赎罪。作为替罪羊，它将被驱逐到沙漠中。这山羊将承载着他们所有的罪恶。亚伦（Aaron）将会双手放在山羊头上，在它身上忏悔所有的悖逆、所有的罪过和以色列人所有的错误。"

该说的都说了。替罪羊是替别人承担。因为它承载了他人的罪过，所以群体会为了摆脱罪恶感，于是空前团结[2]。这个行为对

---

1. 译者注：法语里"替罪羊"一词 bouc émissaire 中 bouc 指的是山羊。
2. 来源于 Girard R. 所著《替罪羊》，1986 年。

于山羊来说很不公平，但是对于他人的团结来说，必须承认是非常有效的。在宗教中找到替罪羊的理论源泉其实并不稀奇。因为在"相信牺牲其中一个，就能拯救大家"这事中还是有些神奇的。就好像是只需要一挥舞魔棒，"呼"的一下，就不会有问题了。

替罪羊在危机出现时是特别有用的：流行病、收成减产、失业等。尤其是，但凡不能涉及（或不愿意涉及）问题的根本原因时。这种情形被预言家让·德·拉·封丹 (Jean de la Fontaine) 在其《得了瘟疫的群兽》中描述得很清楚："希望我们当中罪过最深的那位自我牺牲以平息上天的愤怒。或许这样我们大家会获得治愈。"在这则寓言里，并不是狮子、老虎或者熊被指责为罪孽深重，而是那只可怜的驴，"这秃毛，这层赖皮，全部的罪过都在这儿。因它的罪，最后被判绞刑。"拉·封丹很清楚替罪羊行为中的根本性法则：替罪羊肯定是最软弱的、少数的，又没有自我防御能力的。在当代高失业率的经济情况下，替罪羊肯定不是跨国企业的股东们，而是那些移民劳工。

在孩子中间，少数个体被指责是常见的行为。我们下一个例子就完全可以说明这点，这也是一个心理学的知名案例。在一群白种人孩子中加入一个黑人孩子。然后您跟孩子们说你们当中有人做了一件错事，比如说在墙上随意画东西。然后您要求孩子们检举是谁做的。结果呢，肯定是这些白人孩子会指责黑人小朋友。这位黑人小朋友肯定什么都没做，但因为他的不同就足以被他人认为是犯错的孩子。这个实验在不同的社会环境，被不同的研究组重复过多次，结果被指责的总是那些与标准有偏差的孩子。只有那些患有"威廉姆斯综合征"的孩子才不会这样，因为疾病，他们没能力识别区分面部特征 [1]。

动物们也会有替罪羊行为。当一只猕猴被另外一只更为强壮的同类攻击后，它会找一只比自己更软弱的猕猴进行攻击撒气。这种行为我们称为：重新定向攻击性。这只作为替罪羊的猴子有两个功能：首先是让那只被攻击的猕猴释放出它的压力；然后那只被攻击的猕猴可以通过这个行为将那只攻击它的猕猴的注意力，转向那只最弱的猕猴。换句话说，中间被攻击的猕猴向它的攻击者说："嘿，别攻击我了，看到那只弱猴子了吗？或许咱俩可以一起揍它出出气啊。"

如果说我们在寻找人类使用替罪羊行为的最"自然"的理论基础时，必须要承认的是替罪羊是个完全自然的现象，它的社会功能是不能否认的，但决不能因其社会功能来为这个行为撑腰。正相反，那些宣扬替罪羊行为的社会意识形态只能是将人类降格到其动物本性的最底层。

---

1. 来源于 2010 年 7 月 Santos A. 发布于 *Current Biology* 上的文章《缺少种族识别但不是性别，威廉姆斯综合征之定型》。

6.

为什么人们要躲着排便?

般来说，要排便的时候，人们都是喜欢自己一人。这当然不是一个绝对的规则，因为世上还存在着集体厕所，据说在中国就有不少。在古罗马时代也是这样的，人们一个挨着一个地排便尿尿。但是，今天，可以说绝大部分的人还是喜欢自己排便。他们不仅是要藏起来而且还要避免说到这事儿。一般人们都会说：上厕所或去撒尿或去洗手间。但很少有人大声叫嚷说要去排便，或者铸座铜像或者鼹鼠占柜台了[1]。

只有在导演路易斯·布努艾尔(Luis Bunuel)的电影《自由的魅影》(le Fantôme de la liberté)里面我们可以看到一个镜头：很多人坐在坐便器上排便，同时又很坦荡地聊天，然后各自起来，进入一个小房间里去吃饭。这种超现实的场景只能在电影里看到，而现实中没任何可能。事实上，又确实真的有过这么一段历史，距离这个场景不远：被视为那么优雅的法国国王时代。

---

1. 译者注："铸座铜像""鼹鼠占柜台了"均为法语中要去排便的俗语。

我们知道，当年太阳王路易十四单独吃饭，然后坐在打孔的椅子上排便的同时发布各种号令。但是这习俗并不是他发明的。在此之前，他的父亲路易十三也是这么做的，所以当时路易十三的弄臣马力亚斯(Marias)说："您身上有两件事儿我真不能习惯……独自吃饭和当众排便[1]。"

这些国王是不是粪便的变态症患者呢？根本不是，在当时当众排泄自己的肠中废物是权势人物们最流行的事情！如同思想家蒙田写道：这些国王有将"自己的龙座改成打孔便椅的习惯[2]"。所以与我们现在想的大相径庭，躲起来排便并不是放之四海而皆准的。

但是不讨论排便的禁忌是可以从生物学角度来解释的。排泄物中含有各种菌，大便让我们厌恶其实真是件好事儿，因为这样我们会避免去接触它们，也就提高了我们生存下去的概率。

动物在这个领域也是遵守这个规则的。当然不是所有的动物。牛和马基本是走到哪里排便到哪里。但是某些种类的猿猴会到一些特定的地点排便，这当然可以避免一些病情的扩散。但是要注意，对于这些动物，我们还谈不上节操。家猫肯定是习惯用猫砂覆盖它的排泄物，而且也不喜欢有人观察。但是这点更多是要归功于其祖先的本能反应，因为在当时的自然界最好还是要低调些（避免被天敌发现），所以要尽量避免留下痕迹。如果说家猫们总是在排便时有副不要烦我的面孔，它们却会没任何节操地去嗅一条

---

1. 来源于 Monestier M. 所著《排泄物的历史和社会奇闻》，Le Cherche midi 出版社，1997 年。
2. 来源于 Bologne J.C. 所著《节操的历史》，Pluriel 出版社，1986 年。

狗拉的大便，有时候还会吃。

我们所谓的"节操"或"羞耻感"，更多是人类的特性。但这不是说是天生的或自然的。可证明这点的就是初生婴儿并不知道节操，根本不会被自己的排泄物所困惑。人们得教育孩子，告诉他们：这是脏的。

于是很快，孩子们坐到便盆时会要求周围的人走开。心理分析师杰拉德·博内(Gerard Bonnet)是这样解释的："排便是一个很粗暴的行为。在孩子的想象中，他正在与某些事情作斗争。[1]"在初期，排便源于孩子还不能控制的体内冲动。然后他会意识到这种体内冲动也可以用来对抗他人（一般说是孩子母亲），可以是憋着，或者在裤子里排泄。这时候排便就是种武器。这也就能解释为什么很多骂人的粗话会有排便的痕迹。为了做到不用这种手段来对待他人，制定排便的规矩就成为必要。"第一条是将排泄物置于他人视野之外，以示对他人的尊敬。节操则是排在第二位的。"杰拉德·博内这样补充道。

总结一下，排便是件粗暴的事情，所以人们躲起来排便以防这种暴力影响到他人。也就是因为这样，那些国王所用的带孔便椅才有了意义。只有国王和强势的人才可以当众排便。这也是一种展示只有他们才可以让他人"吃屎去"。这种做法让很多人感到不安，但如同让－克罗德·波罗涅（Jean-Claude Bologne）的分析，当众排便实际是"双方实力对比的表现，即坐在便椅上接

---

1. 节选于访谈，2012 年。

待的主人和访客。[1]"圣西蒙(Saint Simon)是这样描写当时旺多姆公爵是光着屁股来接待他的访客的："当便盆已经满了，佣人们会撒下来，然后当着所有宾客的面去倒掉。"这个倒空便盆的仪式对主人来讲并不是耻辱，但对宾客则是羞辱。便盆当面而过，闻到主人排泄物的味道对于这些人来讲则表明他们对主人的服从。

当今，排便是躲在一边的，为的是不让他人"吃屎"。但是我们也可以理解成躲在一边是为了不被"他人打扰"，这也是社会学家达尼尔·维尔泽－朗(Daniel Welzer-Lang)所展示的[2]。他做了一个针对家庭空间的调查，就是看人们是怎么来占据家里不同的空间的。他同时也发现男性在卫生间停留的时间一般要比他们的伴侣们时间长。"他们说：只有在这里才会感到安静。他们总是感觉到在家里没有自己的位置，因为伴侣们会以家里卫生为借口掌控家里其他的空间。"简单地说，当男人不愿意被女人骚扰的时候……他们就直接自己前往卫生间。还有根据达尼尔·维尔泽－朗的研究成果，谈到家中伴侣，她们的"躲避"空间更多是厨房。于是整个家庭空间就可以说是围绕着"卫生间—厨房"的结构，这也表明了家中夫妻的权力对比。

既然说到了家里夫妻二人的问题，也趁机说一下胃肠胀气的问题。礼仪要求人们躲在一边放屁，虽然不是总是被遵守。但要知道，就是世界上最优雅的男人或者女子，每天都要释放 10 多次

---

1. 来源于 Bologne J.C. 所著《节操的历史》，Pluriel 出版社，1986 年。
2. 来源于 2004 年 Welzer-Lang D. 发布于 *Payot* 上的文章《男人们也是要变化的》。

腹气[1]。超过20次，基本上就不太符合标准了，除非是在山区地带。在高海拔地区，大气压力要更低，于是腹气会更容易地释放出来：超过海拔7000米，登山者每11分钟放一次屁。所以如果是要度蜜月的话，还是要尽量避免去高海拔山区。

在放屁这件事情上，声音虽然不是太优雅，但更忌讳的很显然是气味。但事实上消化废气中99%的组成都是没有气味的（氮、氢、氧、二氧化碳、甲烷等），剩余的1%则是令人厌恶几近呕吐的硫化氢。正是这硫化氢的味道让人厌恶，因为这种气体本身是带有毒性的，甚至可以致人死亡。在日本，用硫化氢自杀是一种新的流行[2]。从2007年起，超过500人因硫化氢死亡（注意，不是因为排泄腹气，而是通过互联网找到配方，然后通过消毒剂自制的）。

硫化氢对身体是有毒的，对夫妻生活也有影响。也就是因为这个，一家美国公司开始销售一种便利内裤（Under-ease）。这条内裤包含一层碳，在吸收硫化氢的同时会让其他气体释放出去。剩下的就是声音了，但没味了。这已经不错了。话说回来，如果能穿着便利内裤在自己另一半身边释放腹中气体，同时希望没产生任何不便，这需要已经超越了一定的忌讳了。

---

1. 来源于2005年2月 Peyrin-Biroulet L., Bigard M.-A. 发布于 *EMC-Hépato-Gastroentérologie* 上的文章《消化废气》。
2. 来源于2011年3月 Reedy S.J.D. et al. 发布于 *Western Journal of Emergency Medicine* 上的文章《自杀的流行风尚：在美国使用硫化氢自杀的频率和特点》。

7.

为什么年纪越大，感觉时间过得越快？

时间过得那么快，

我都不用起床了！

您肯定注意到了时间过得越来越快。一年，对于一个5岁的孩子来讲是很漫长的。然而对于一个20岁的人，已经不太漫长。等到年过40后，一年就过得很快了，而且随着年岁的增长，时间过得更快。时间过得越快，给我们剩余的生存时间越短，多么残酷的现实。唯一能让我们感到安慰的是大家都一样。因为这个现象是普遍的，真的，真是这样！

一边是物理时间或者客观时间，也就是手表或者台历给我们展示的时间。它是以同样的速度向前迈进的，无论人是在10岁、30岁或者70岁。另一边，还有个精神时间或主观时间，就是我们能感觉到的时间，是它给我们感觉在加速。但是为什么会这样呢？是因为什么混蛋的魔法造成的？事实上没人能特别知晓，但存在着几个假设。

其中一个假设是在我们的头脑和身体中，我们对主观时间的判断是建立在某种体内时钟的基础上的，而这体内时钟是根据人体内器官的节奏来运行的：心跳、血流速、呼吸节奏等 [1]。当我们逐渐衰老的时候，人体的生物功能开始减速运行。举个例子说，在某个时间段，比如一周内，当我们还很年轻的时候，心脏会在这个时间段内跳动一定的次数。而当我们开始变老时，心跳次数减少。因为心跳次数的减少，对于体内时钟来讲就好像是更少的时间单元流逝。想象一下，某单元原本是要用三秒才能完成的，结果用了两秒就行了，好像是用了更短的时间完成，所以时间过得就更快。但，好吧，这并不是特别有说服力的理论。

我们也可以用另外一种方式来解释主观时间的加速：对未来时段的评估基于已经生活过的时间。对于一个 10 岁的孩子来讲，一年相当于他生活过时间的十分之一。但对于一个 50 岁的人来讲，一年相当于他生活过时间的五十分之一。五十分之一肯定小于十分之一，所以同样的时间段就显得更短。

换个说法，以财富为例。如果您每月工资是 400 欧元，然后涨工资幅度是 200 欧元，这样您的感觉是一下子富了很多，因为工资涨幅比例是 50%。但是如果您工资是 5000 欧元，老板给您涨了 200 欧元，您不会认为富了很多。毕竟这仅仅是 4% 的涨幅。如果在这个例子里把"欧元"换成"时间"，同样比例的增值所对应的就是"主观"时段，度过的时间越多，您对这个主观时段的感觉就越低。

---

1. 来源于 1998 年 4 月 Block R.A. et al. 发布于 *Psychology and Aging* 上的文章《人的衰老与时段判断：各种分析的荟萃综述》。

还有第三种方式解释这个主观时间加速的问题。这个解释的基础是主观时间的测量是根据那些可值得保存在记忆中的事件数量[1]进行的。有实验证明在某个时段内能够想起的事件越多越会觉得这个时间段长。

　　您是否注意到如果您在家里一天无所事事时，这一天过得很快呢？这是因为在家的一天里没有可以留下痕迹的事件。反过来说，当用两天时间去一个陌生的地方旅行的话，我们会感觉在这个地方待了很久！这是因为在这个时间段里我们获取了多种新的感觉，所以将其中很多事件记录下来了，也就是更多的时间单元。

　　重新回到年岁上，当我们还是孩童的时候，我们会关注每件事情，我们记住所有的事情，无论是身体还是精神都面对每一时刻，所以这就产生了大量可留痕迹的事件，也就延长了所经历的主观时段。但是当我们长大以后，我们逐步对周边的事物减少了关注，因为我们开始产生厌倦，因为我们的大脑开始偷懒，于是我们记得的事件数量减少，于是时间就变得更短，开始有了时间加速的感觉[2]。

　　那些曾经远离人群生活过的人提供的信息也说明了这一点。洞穴探索学者米歇尔·西福雷(Michel Siffre)曾经在地下洞穴里待了几个星期，独自一人且完全没有时间参考。人们可以猜想着

------

1. 来源于 2010 年 Friedman W.J., Janssen S.M.J. 发布于 *Acta Psychologica* 上的文章《衰老及时间的速度》。
2. 来源于 2011 年 9 月 Zélanti P.S., Droit-Volet S. 发布于 *Journal of Experimental Child Psychology* 上的文章《通过认知能力解释与年龄相关的时间长短变化的感知》。

时间可能过得不是那么快？因为毕竟没什么事情发生。哦，事实上，正相反。米歇尔·西福雷曾经感觉好像就过了一两个小时，但是事实上是一整天。逻辑上没错，因为当他在地下洞穴的时候没有什么事件可以作时间参考，所以他看不到一天过去了，就像是在家里无所事事的人……

这些理论都很完美，但最理想的还是要试图让这个残酷的时光加速器慢下来。物理时光的进度我们是不可左右的。但主观时光为什么不能呢？我们可以想象一种药物，其功能是在大脑里改变对时间段的感知。或许这种药某天会诞生的，谁知道呢？

先不管这药，其实有更简单的方法。如果我们认同对时间段的感知是基于所经历且被记忆的事件数量，那就赶紧在那些值得记忆的事件中生活吧！比如说去旅行，去发现那些非同寻常的事情。但也不是非要这么做。或许仅仅需要我们将所经历过的事情赋予某种价值，使平凡变为伟大。回想一下小时候，您曾经都是以活在当下的生活状况，抓住每个字每一画面。成人了，您很少再回到当下，而更多的是在回想昨天做过什么，或者明天要做什么。于是您忘记了活在当下……于是当下开始报复：既然您注意不到我，那我就赶快溜走！想克服时光流逝过快的感觉？最好的解决办法就是找回童年的好奇心。这说起来当然容易，但我也知道，遗憾的是做起来很难。

8.

一个人的名字会影响他的命运吗？

很不幸的是有的人姓阿努斯(Anus)。那么姓这样的姓会影响您的性格吗？表面上看这个问题有点荒谬。荒谬到想象萨洛普女士（Mme Salope，字义是婊子）或者拉普特夫人(Mme Lapute，字义是妓女)会真的行为不检点，或者费尼昂(Feignant，字义是懒汉)先生确实懒惰，或者是格罗莫拉尔(Grosmollard，字义是浓痰)先生随地吐痰。问题是如果相信一些研究结果，家族姓氏会影响到命运。

回到我们的阿努斯，这个在法国北部及比利时会碰见的姓氏，其实是汉努斯(Hanus)的一个演变，而 Hanus 又是拉丁文 Han 演变的。Han 后来也有些演变比如约安（Johan）或让(Jean)等人名。所以阿努斯与肛门（anus）没有任何关系。[1]

还是有些姓氏是与行业有关的。您有没有注意到有些木匠姓昂布瓦(Enbois，字义是木制的)，或者一个面包师叫波恩潘

1. 译者注：阿努斯 (anus)，法语里也有肛门的意思。

(Bonpain，字义是好面包）或者一位叫伽捏比昂（Gagnebien，字义是赚得不少）的银行家？这是因为很多家族姓氏是源自这些人当时的职业。姓为波恩潘的祖先中肯定有位曾经与面粉有关。

通过潜意识中对职业选择的影响，姓氏也会有所表现。世人都知道牙买加短跑冠军飞人尤塞因·博尔特（Usain Bolt）。但是您知道动词 Bolt 在英语里是"疾走"或者"快起步"的意思吗？挺让人惊讶的吧，真是没法知道这位冠军飞人在体育方面的出色能力和他姓氏的关系是偶然的，还是因为其祖先中有跑步迅猛的人士。

无论如何，有些研究人员还是发现了一些冠军的姓氏与他们所从事的体育项目之间的关联。通过一个调查了 12000 名运动员的研究发现，在举重运动员里叫勒佛尔（Lefort，字义为强壮的人）与跳高运动员里姓勒格朗（Legrand，字义是大个子）的比例很高[1]。这挺让人吃惊吧，但是并不荒谬。当名字叫勒佛尔的时候，这个名字也会影响他人对自己的印象，所以这也是自我形象塑造，这会鼓励人去发展某一运动来加强人们对自己的印象，比如举重。有一个带有"强壮"的意思的名字会带来成为强壮的人的欲望（或正相反，是不是为了报复当年在学校里因为自己的姓氏遭到同学耻笑的呢？大卫·都耶（David Douillet）[2]因为这个名字成为了超重量级世界柔道冠军）。

1. 来源于 2008 年 Guéguen N. 发布于 *Dunod* 上的文章《名字心理学》。
2. 译者注：Douillet 在法语里是温馨舒适的意思。

姓氏也可以影响他人对您的看法。一些社会学家曾经在一份报纸上发了一个数学辅导班的启事。他们连续做了几期这个启事，每次换不同的授课教师姓名。在某个启事中，老师的姓氏是派（M.Py，π，圆周率）先生，这个名字在数学中肯定是知名的。其他的则是用些最普通不过的姓氏，比如勒加尔（Le Gall）或者里耶（M Rie，字义是笑）。最后的结果呢？那个所谓的派先生收到的答复是别的教师的近两倍！

与姓名毫无关系，就是名字的缩写也会影响命运的。一个由经济专家们做的调查表明在字母表上比较靠前的人士会获得更好的工作[1]。其实这是可以解释的。当关于经济的论文是由几位作者撰写时，在该论文发表时，例行传统是要将作者们的名字按照字母顺序来排列。于是乎排在前面的作者更容易被人注意到，久而久之，他们在职场上就会受到更多关注，更为有利。

与此相反的是，那些姓名开头字母是在字母表靠后位置的人会更有积极性。乔治敦大学的市场推广研究人员科特·A.卡尔森（Kurt A.Carlson）证明那些姓名开头字母是从字母表 R 开始到 Z 的人对广告推广的反应速度最快[2]。因为从幼时起他们就因为姓氏排在最后……所以无论做什么，他们都必须去追赶前面的人。

姓名的缩写甚至会对寿命有影响！加州大学的尼古拉斯·克

---

1. 来源于 2006 年 Einav L., Yariv L. 发布于 *Journal of Economic Perspectives* 上的文章《名字里有什么？名字缩写对学业成功的影响》。
2. 来源于 2011 年 2 月 Carlson K.A., Conard J.M. 发布于 *Journal of Consumer Research* 上的文章《姓氏效应：姓氏对获得机遇的影响》。

里斯滕菲尔德(Nicholas Christenfeld) 曾经分析过大量的美国死亡证明书[1]。一切其他因素都归零不计（人种、社会经济地位等），那些姓名缩写字母带有积极因素的人，比如 H.U.G.(拥抱的意思)或 J.O.Y.（乐趣的意思），他们的寿命要比平均寿命高出四年半。与此相反，那些类似 P.I.G（猪的意思）或 D.I.E.（死亡的意思）等缩写的人，他们的寿命要比平均寿命短三年！

名字也是有影响的。我们这里肯定不是会讨论名字与性格之关联的所谓深奥星象学说，比如说布丽吉特（Brigitte）会更爱梦想，而保罗 (Paul) 们会更偏于实干。如果说名字会有影响，是因为其明显的社会因素。我们完全可以明白当某人叫穆罕默德的时候，他会比叫查尔斯·爱德华更难找到工作。但名字的影响有时候会更为微妙。在学校里就可以找到例子，有研究员曾经要求教师们给答卷打分，这些答卷的差异就在于露出的名字[2]。有的名字是那些"比较讨人喜欢"的，比如大卫或丽思(Lise)，有些属于"不讨人喜欢"的，比如于贝尔(Hubert)或贝塔(Bertha)……结果呢？这些老师尽管声称很客观，但是结果是那些标记了比较讨人喜欢的名字的答卷获得了更好的评判。

名字也会潜意识地影响职业的选择。在美国做的一个调查揭示了职业与名字第一个字母的关系[3]。那些名字开头字母是 DEN

1. 来源于 1999 年 Christenfeld N. et al. 发布于 *Journal of Psychosomatic Research* 上的文章《姓名中有什么：死亡率与象征的力量》。
2. 来源于 Guéguen N. 所著《名字心理学》一书，Dunod 出版社，2008 年。
3. 来源于 Pelham B., Mirenberg C., Jones J. 发布于 *Journal of Personality and Social Psychology* 上的文章《为什么苏西在海边卖贝壳：隐性利己主义和重大的人生决定》。

的名字(Denna，Denice……) 在牙医(Dentist) 行业中的比例高于其他名字。而那些名字开头是 LA 的(Laura，Laurie……) 则在律师(Lawyer) 行业中比较常见。这也是可以解释的。我们称之为"隐性利己主义"，就是潜意识中会被一种"自我参考"所吸引，能把我们拉回到我们自身的小东西，在这里就是名字的前面几个字母。

这也会产生一些我们没有想到的后果。比如我们去调查女性名字的分布情况，好像是在佛罗里达州（Floride State）有很多女人叫佛罗伦斯(Florence)，而在路易斯安那州(Louisiane) 有更多的路易斯(Louise)！就好像还是因为这个"隐性利己主义"，人们会潜意识地去生活在那些能够看到自己名字的地方。

这些都令人难以置信，但是这些调查结果应该不会让那些拉康流派的心理学家惊讶，对于他们来讲，潜意识的构架是与语言类似的，所有的时间都是在玩文字游戏。而如果害怕成为自己姓名或名字的奴隶，请您安心，没有宿命论。所有的丹尼斯(Denis) 并没有都成为牙医，而阿努斯先生也没有成为直肠病学家。

9.

女性比男性更容易发出噪声吗？

据说在做爱的过程中，女性比男性更容易发出噪声。这倒是没有科学依据，但是根据到处听到的信息，我们可以这么猜测。

在电影里是很明显的。为了写这篇文章我重新看了些电影中有情爱镜头的片段，无论是在电影《圆舞曲女郎》(*Les Valseuses*)、《捆着我，绑着我》(*Attache-moi*) 还是《早上 37 度 2》(*37° 2 le matin*) [甚至都不用谈那《当哈利遇上莎莉》(*Quand Harry Rencontre Sally*) 中著名的场景：莎莉在餐厅饭桌上模仿做爱的叫床声]，主要还是女性朋友们在呻吟、叫喊。而与此同时男性朋友们在努力耕耘，但是是无声的。

我们也可以参考街坊邻居的投诉。这也没有官方统计数据，但是如果在谷歌上搜索"性爱骚扰"，您会看到结果中更多是人们对女邻居们性爱高潮叫嚷的投诉。所以接受事实吧，是女性在性爱过程中要比男性发出更多噪声。那怎么解释呢？

先把那些假装叫嚷的女性放在一边，她们影响我们的讨论。当这些女性的叫嚷显得很真诚的时候，我们可以推测女性在这期间获得的愉悦感受要比男性高，但很难证明。首先，不存在测量两位同性性高潮强度的标准，那么，比较男性和女性的高潮强度这岂不是异想天开吗？在性高潮瞬间的大脑活动倒是已经被观测到了[1]。确实男女大脑有一点不同，但这倒是没什么可以惊讶的，男子射精时会在大脑里留下痕迹，但这都不足以证明一个性别会比另外一个性别的性高潮更为强烈。

这样的话，如果不能以性高潮的强度来解释性噪声的话，那就得找其他的解释了。女性在性爱过程中发出噪声更多是否因为女性更善于表露自己的情感？或者在过程中更为放松？或许吧，但还是有其他的解释的。

盖尔·布雷维尔（Gayler Brewer），兰开夏郡大学心理学女研究员，对 71 位异性恋女性的性生活做了一个问卷调查[2]。她提出了若干关于性生活、性乐趣等方面的问题。这里面就有令人惊讶的事儿了！这些女性承认她们做爱中的叫喊是与性高潮同步的……但是这多数并不是因为自己的性高潮，而是她们的性伙伴的性高潮！66% 的女性声称她们的叫声是为了加快男性的射精。更有 87% 的女性说她们叫床是为了让自己的性伙伴更有自信。但

---

1. 来源于 2007 年 Bianchi-Demicheli F. 发布于 *Neuropsychologia* 上的文章《促进对女性性高潮瞬间大脑基底的理解》。
2. 来源于 2011 年 3 月 Brewer G., Hendrie C.A. 发布于 *Archives of Sexual Behavior* 上的文章《证据表明女性在性交中叫床并非性高潮反射性的后果》。

是也有女性说仅仅是出于某种因素，比如痛苦、烦恼或者疲劳，通过叫床来尽快结束性爱过程。对盖尔·布雷维尔来讲，叫床声因此不是"与性高潮关联的必然结果"。当然也不是虚假的，而是一种或多或少有意识地"操控男性射精"的手段。

针对女性性高潮的问题也有很多其他的问卷调查。结论是，如果女性越认为她们的性伙伴有吸引力，她们的性高潮就会越强烈[1]。当然从这点上我们是完全可以理解的。但是根据一次在中国的问卷调查，让人吃惊的结论是女性的性高潮与男性的财富相关，与越富有的男性做爱，性高潮越强烈[2]！莫非是金钱将男性转变为"超级情人"？

没什么可以确认这点。但是对于研究人员来讲，这个调查结果是可以从进化论角度来解释的。我们可以推测的是，女性潜意识地要为她们的子孙寻找好父亲。所以女性的叫床声是用于刺激出潜在的"好"父亲。

最后，根据这个理论，女性性高潮似乎就有了实用效益。因为从生理学角度讲，繁殖过程中，女性性高潮并不是必要的。人们常说性高潮有利于精子在阴道里的前进过程，但从人类初期到现在，如果真的需要女性性高潮才能让女性怀孕的话，我们肯定也不会在这里讨论这个事情了。

---

1. 来源于 2012 年 Putsa D.A et al. 发布于 *Evolution and Human Behavior* 上的文章《根据男人的阳刚之气和吸引力可预计他们的女性伴侣声称的性高潮频率和时序》。
2. 来源于 Pollet T.V., Nettle D. 发布于 *Evolution and Human Behavior* 上的文章《性伙伴财富与自我报称性高潮的频率——以中国妇女为例》。

虽不具备生理的直接必要性，但可以说性高潮通过对射精的控制有种"社会"功能。男性是不需要证明他达到性高潮的，因为可以看到。但女性则是需要通过嗓音来表达。

这种解释通常会让女权主义者愤怒，但真的不值得她们愤怒。首先这个解释确认了女性性高潮是在大脑层面。其实，对于女性来讲也是一件荣耀的事，因为这等于说女性不是性机器，不是因为普通的机械动作刺激就开始叫喊的。

再者，如果我们确实认可进化论的分析结果，就是认为女性的叫床声音是一种控制男性射精的手段的话，这足以让那些认为自己在性爱过程中全能控制的男性沮丧起来。如果跟着这个逻辑走，我们甚至可以说叫床声是女权在性生活中的表现，也是对那些大男子主义者的一种报复。

10.

左撇子运气会更好？

❝ 左"(la gauche: 靠左, 左面) 的名声不好, 但就是这样。

"起床左脚先着地 (Se lever du pied gauche)"不是好兆头, 等到"将武器换到左手 (Passer de l'arme à gauche)"更是不好。"靠左 (笨拙, la Gaucherie)"就是手笨嘴笨, 而"沾右 (la droiture, droit 是右)"就是直率。在拉丁语中, sinister 的意思是"左", 继而转化出"sinistre (灾难)"……说起来, 对"左"不利的事儿真是太多了!

对"左"的坏名声, 不是没有解释: 因为绝大多数人是用右手的。无论在世界上哪个地区, 左撇子的比例都占人口总数的 10%, 而这不仅仅在今天是这样, 貌似那些史前人类就已经是用右手了。这一点我们可以从对洞穴中的史前绘画的观察而得知: 当要展示调色板时, 一般是用左手, 这说明艺术家是用右手来绘画[1]。

今天, 偏侧性——就是偏好选择一边, 会产生一些出乎意料

1. 来源于 2003 年 Azémar G. 发布于 *CNRS éditions* 上的文章《不对称的人类》。

的结果……比如双方见面拥抱亲面时。德国波鸿大学心理学者奥努尔·衮图尔昆 (Onur Gunturkun) 在火车站大厅、机场和停车场等地观察人们相互拥抱时的姿势，观察到的结果是大多数人 (64.5%) 是靠右去拥抱对方的。[1] 奥努尔·衮图尔昆将这一发现与他过往的研究联系起来，他过去的研究发现，在子宫里时，婴儿更多是将头偏向右边而不是左边。

这种偏侧性选择在动物中也存在，只是人类表现得比较明显。大猩猩总是会偏向使用两只手中的一只，但这不见得是右手，除了要抛起某个东西的时候。

既然如此，如果全世界的人都偏右，那是否该说左撇子们是外星人呢？我们当然不能这么说，但不能不承认的是左撇子要面对众多不利因素。在出生的时候，左撇子可能体重偏低，身材更小，成为精神分裂症患者或癫痫病患者的风险也可能比右手人高出两倍。最主要的是对他们寿命的影响：如果根据那些最悲观的估算，左撇子的平均寿命要比右手人少十多年[2]。

既然有这么多不利障碍，左撇子怎么能逃过残酷无情的自然选择而生存了下来？这自然是因为他们有其他的优势。这些优势中首先是体力的。这点非常重要，尤其是针对我们那些在大草原奔跑的祖先。在当时可能因为一点无聊的事情就打起来，左撇子们会让习惯右手打架的人慌乱，因为右手人不习惯应对从左边来

1. 来源于 2003 年 Güntürkün O 发布于 *Nature* 上的文章《人类行为：成年人转头方向不对称行为的持续》。
2. 来源于 2003 年 Azémar G. 发布于 *CNRS éditions* 上的文章《不对称的人类》。

的攻击。在这点优势上，从长期角度讲就给左撇子在自然选择中留下了余地。

为了验证这个假设，法国国家科学研究院(CNRS)的研究员查尔洛特·福里(Charlotte Faurie)女士研究了一些传统社会，在这些社会里角斗竞技还扮演着非常重要的角色[1]。她因此发现越是他杀率高的传统社会里，左撇子就越多。这倒不是说左撇子会比右手人更凶残，而是社会暴力给他们某种优势。

当今，我们当然不再为生存而决斗。左撇子的身体优势在某些体育领域表现得还是很明显。特别是那些互动的项目，类似拳击、击剑或棒球，在这些领域左撇子的比例远远超过平均数。在美国25%的高水平拳击手是左撇子，还有超过60%的最好的棒球击球手也是[2]。与之相反的是，在那些单人项目中，左撇子的比例并不高于平均数，比如攀岩或游泳。这证明左撇子并不是体育全能，而是在那些与对手有身体对抗的互动型运动类别中才更有优势。

在决斗中有优势当然好，但是在当今社会，这种优势的意义并不大。另外左撇子还有其他能量，除了身体优势外，在智力方面也有。经过证明的是，在艺术领域左撇子数量更多，这让人认为左撇子可能比右手人更有创造力。几个研究调查结果表明，无

---

1. 来源于 2005 年 Faurie C. et al. 发布于 *Current Anthropology* 上的文章《左撇子在传统社会中的变化频率》。
2. 来源于 2012 年 Abrams D.M., Panaggio M.J. 发布于 *Journal of the Royal Society Interface* 上的文章《一个合作与竞争的平衡模式可以解释我们右手人的世界及左撇子运动员的主导位置》。

论男女，左撇子的平均工资高于右手人[1]。

这些优点应该可以打消"左"的坏名声了。再进一步，大多数人是右撇子，这没问题，但是从大脑角度来讲，则正相反。事实上是大脑左半球指挥身体的右侧，而大脑右半球指挥身体的左侧。所以呢，大多数人是身体上的右撇子，大脑中是左撇子！

重新打造"左"的形象也会在很多范围有影响。比如在政治上，为什么呢？从 1789 年法国大革命分子在国民议会中占据左边席位，将右边留给了贵族或教会人士开始，我们将那些更进步的党派称为"左派"，将更保守的党派称为"右派"。

---

1. 来源于 2012 年 Abrams D.M., Panaggio M.J. 发布于 *Journal of the Royal Society Interface* 上的文章《一个合作与竞争的平衡模式可以解释我们右手人的世界及左撇子运动员的主导位置》。

11.

我们是否会根据候选人的颜值投票?

理想的民主体系是需要选民有最基本的智慧的。坚持民主制度的原则，即是将自身交付于我们所称之为的"大多数"，我们必须要认可大多数的选民投票是基于一些中肯的标准，听到并权衡过各种论证后的结果。广泛直接选举之所以被发明出来并不是让选民随意投票，也不是让选民根据候选人的发型或者是根据前一天晚上的足球比赛结果来投票的。但不幸的是，在现实中不得不承认有这样的现象。几个调查结果表明，选民的投票是可以受到一些非政治观念的影响的。

特别是候选人的脸型。这是英国心理学家安东尼·利特尔 (Anthony C. Little) 的研究结果[1]。他挑选了若干不同国家政客的头像，然后展示给那些从未见过这些政客的人看，展示过程很短暂，不超过一秒，然后要求他们根据这些面庞来挑选出那些最有才能

---

1. 来源于 2007 年 Little A.C. et al. 发布于 *Evolution and Human Behavior* 上的文章《相貌会影响投票决定》。

的政客。您或许没想到，那些被挑选出的面孔恰恰是曾经在选举中获胜的候选人。这个结论也被其他的研究人员证实。瑞士洛桑大学人类行为学专家约翰·安东纳基斯(John Antonakis)向一些瑞士人展示了法国议会选举候选人的照片——都是些瑞士人不认识的候选人，然后他要求这些人根据他们的看法指出会获胜的法国候选人。在并不了解这些候选人政治观点的情况下，这些瑞士人居然成功地识别出那些获胜的法国议会候选人[1]！

选民们是被要求根据自己的观念和意识形态，经过一个竞选期后才理性投票，然而这个投票结果居然与那些没有经过了解，只是粗略看了候选人相貌后选出的结果是相符的，这真是件让人焦虑的事。也就是说，他们使用了同类的评估标准。因为参与调查的瑞士人并不了解这些候选人的政治观点，所以我们可推测到的是他们做出的选择是完全建立于候选人相貌之上的。

在这种情况下，怎么才能有一张被认为是"有能力"的脸呢？还是通过一些男性政客的面孔照片来判断（研究对象还是以男性为主，因为这也是政界的客观情况），安东尼·利特尔研究的结果是能讨选民欢心的面孔是那些所谓很"硬朗"的面孔，有点像牛仔。这也是因为具有这种硬朗面孔的男性，通常体内的睾丸酮水平比较高，所以会具备所谓的"头领"的气质，这种气质会被在每个选民身体中沉睡的"狒狒"潜意识地认为是有优势的。这种脸型在战争时期是特别受欢迎的，因为在这期间对于"头领"的

---

1. 来源于 Antonakis J., Dalgas O. 发布于 *Science* 上的文章《预言选举结果：儿童游戏！》。

需要被放大了。这也似乎可以解释为什么在 2004 年阿富汗战争的背景下，美国选民更认同乔治·沃克·布什（George Walker Bush），而不是他的民主党对手约翰·克里（John Kerry），后者被视为更"女性化"。仅仅是因为其相貌，似乎某些候选人在可能有恐怖袭击的背景下举行的选举中会占有些许优势！

根据这个过时的逻辑，候选人的身材也应该很重要啊，这也不太令人吃惊。有些研究人员就此比较了一下美国总统候选人的身材 [1]。结果是从 1789 年到 2008 年，身材最高的候选人赢得了 58% 的总统选举。但是靠身材并不足以当选一个国家的领导人。例子很多，包括萨科齐、贝卢斯科尼或者伊朗总统艾哈迈迪－内贾德，他们身高都不超过 170 厘米……

更让人吃惊的是，似乎选民们有选一位相貌与他们相似的候选人的趋势。美国斯坦福大学传播系的杰雷米·N. 柏棱松(Jeremy N. Bailenson) 向调查对象展示了一些他们都不认识的美国政客的照片 [2]。根据调查对象的相貌，其中一些照片在计算机上经过修饰使得这些照片上的政客具备类似调查对象的相貌特征。结果是这些经过修正的照片获得了调查对象的最佳认可！杰雷米·N. 柏棱松毫不犹豫地想象出这一结论的实际应用："一位候选人仅仅通过在其竞选海报的头像中添加些选民的相貌特征就可以在选举中

---

1. 来源于 2011 年 5 月 Murray G.R., Schmitz R.J. 发布于 *Social Science Quarterly* 上的文章《穴居人的政治：领导能力的进化偏好和生理身形》。
2. 来源于 2008 年 5 月 Bailenson J.N. et al. 发布于 *Public Opinion Quarterly* 上的文章《选民与候选人相貌接近产生的影响》。

增加近 20 个百分点。"那么是否有一天我们会看到那些候选人根据他们所瞄准的选民群体对头像照片做出修改呢？比如改得更女性化点（如果想针对女性选民）；或肤色更偏古铜色（如果是想在海外省[1]参选）。不太确信这样肯定会成功。如果真是这样，女性选民就更会偏重给女性候选人投票，但截至目前并不是这样——塞格琳·罗亚尔(Ségolène Royal)女士在 2007 年总统选举第一轮投票中,女性选民对她的支持比例比男性选民的支持比例略微高一点(26%对 25%)，而到了第二轮投票时，男女支持比例则是一样的(47%)。

选民投票时的心情也会影响投票。很欢快或者低迷对选民的投票选择都有影响。安德鲁·J. 贺利(Andrew J. Healy)，洛杉矶大学的经济学研究人员，总结出投票的选择可能就是依赖一场普通橄榄球比赛[2]的结果。如果您所支持的球队赢了，您更偏于投票给执政党的领导人；但如果您支持的球队输了，您或许认为执政党的领导人有问题，他应该对球队输球一事负责。所以或许应该避免在大选期间组织举办世界杯比赛！

选票箱的结果或许还跟睾丸酮有关系。美国科研人员突发奇想地去研究美国选举结果与色情网站的流量的关系[3]，虽然两者貌似八竿子打不着。他们发现，如果某个州的选举结果与最后的大选结果保持一致的话，色情网站的浏览量会爆发性地增加。研究

---

1. 译者注：法国海外省以黑人或混血人多，所以才有这样的说法。
2. 来源于 2009 年 Healy A.J. 发布于 *American Political Science Association Annual Meeting* 上的文章《个人情感和政治决策的形成：对选民能力的暗示？》。
3. 来源于 2011 年 Markey P., Markey C. 发布于 *Computers in Human Behavior* 上的文章《美国中期政选后搜寻色情内容的行为："挑战假设"的重现》。

人员通过睾丸酮来解释这一现象。因为通常在比赛中获胜一方的男性会有更多的睾丸酮释放。所以在一次选举中也会有这样的情况。一位男性选民当得知自己支持的候选人获胜后，应该会有比赛获胜的情绪，导致睾丸酮的增加……更多的睾丸酮，更多的力比多(Libido，性欲)，更多的 A 片。

这一切都说明那些政治选举不是仅限于理性范围的竞争。当然也有不少人的政治理念坚不可摧，坚持投票给左派或者右派。对于这些人来讲，候选人的相貌或者身高差几厘米都不会影响他们的投票倾向。但要知道的是在每次选举中，最后时刻才决定投票倾向的选民的比例基本是稳定的，在法国的各类政选中，这个比例是 20%。而这足以让选举的天平偏向一方或者另外一方了！这 20% 的选民潜意识中会或多或少地受到种种"细节"的影响，比如候选人的相貌。

弗朗索瓦·奥朗德(François Hollande) 如果没有瘦身成功是否会当选法国总统呢？这个问题是可以提出的。不管怎么说，如果他能有阿尔诺·蒙特布尔[1]（Arnaud Montebourg）的身材，或许就不会被人视为总是筋疲力尽，被戏称为是巴巴尔大象（Babar）或者福郎比水果冻(Flamby) 了[2]。但他成功竞选成为法国总统，这无疑是对以貌取人的最好回复。

---

1. 译者注：前律师，后成为法国社会党领导人之一，曾经是政府部长。
2. 译者注：Babar 是法国家喻户晓的一部儿童动画片中的和蔼大象的名字，Flamby 是一家知名果冻的商标。

12.

为什么当我们跟婴儿说话的时候总用妈妈腔?

婴儿宝贝们的智力水平低下是个不争的事实，至少比成人的低。如果反过来真是令人担忧了。一个初生婴儿，极其聪明，然后睁着眼睛看着从他面前走过的大人，然后心里想着这都是些什么蠢人，这不让您心惊胆战吗？所以说婴儿们的智力水平不高，这是自然的事儿。但是，我们是否需要像白痴一样跟婴儿说话呢？

当面对着婴儿，我们都说过："喔，他真可爱，这小家伙！"但我们都不是用完全自然的声调，至少不像走进面包房买面包，或者去报亭买报纸那种声调。面对婴儿，声调肯定更有旋律感，更像是唱歌。我们会把高音部进行调整，拖长最后的音节，所以刚才那句话就变成了："喔~喔，他真可爱，这小家伙伙伙……"于是乎我们得自问一下，是不是因为与婴儿接触，成年人也变得蠢蠢的。

这种与婴儿特殊的说话方式有自己的名字：妈妈腔。这种"妈妈腔"是那么普遍，乃至语言学家和心理学家都开始对它进行研究。研究出的第一个成果是这种"妈妈腔"基本存在于所有的人类文化中。当然，在巴布亚有几个部落或其他地方，成人们面对婴儿的说话方式与常用方式没差异，但要找到其他特例还是比较难的。

语言学家们的另外一个发现是这种"妈妈腔"具有普遍性特点。就是说无论是哪种语言，人们对从"成人语调"到"婴儿语调"[1]的说话方式的修改是一样的。这方面的研究成果数量很多，从工业化社会人口到偏远部落人群，从英国到日本，还包括亚马孙热带雨林，无论在哪里，这"妈妈腔"的配方是一样的。这配方大概有五步：（1）说话声音要慢；（2）夸大发音；（3）用更高的音调说话；（4）延长最后一个字的发音；（5）强化语句的乐感。最后这点非常重要，因为是它给"妈妈腔"带来了音乐感。事实上，当我们正常说话时，也就是成人间的交谈，我们也会轻微地修改某一音节的发音高度。这就是我们常说的嗓音韵律学。这些音节的修改会在与婴儿说话的情况下更为突出，所以音调会更加具有韵律感。

如果全世界的成人都这样跟全世界的婴儿说话，我们可以揣测这是有一定原因的。而事实上，研究人员证明这种"妈妈腔"是可以吸引初生婴儿的注意力的。如果是按照正常人的说话音调，婴儿们会根本不理睬。但只需要将要说的话调整到具备"唱歌感"的"妈妈腔"，就会看到婴儿们偏过头来看着说话人，仔细听[2]。

为什么婴儿们会本能地关注那些他们听不懂的语言的音乐

---

1. 来源于 2007 年 Bryant G.A., Barrett H.C. 发布于 *Psychological Science* 上的文章《认识儿向语的意义：普遍性的证据》。
2. 来源于 2005 年 De Boer B. 发布于 *Evolutionary Prerequisites for Language, Oxford University Press* 上的文章《儿向语与语言的演变》。

性？其实恰好是因为他们听不懂这些词的意思。对于婴儿来讲，成人说出的话是一个响音流而不具备任何意思。只有声调才有意思。就是因此婴儿才会去注意。关爱、责骂、惩罚这些内容都是潜伏在语言韵律中的，而成人会或多或少有意识地传递这些情感。

　　同时研究也证明，站在婴儿的角度，"妈妈腔"有助于语言学习[1]。要明白语言是由单字和句子组成的真不是件简单的事。当成人以"妈妈腔"说话时，成人会在每个音节上加上不同的高音，然后延长最后一个词的收尾；比如，"漂亮的娃娃"不会是以枯燥的语调发出，而是带着乐感"漂——亮的娃——娃"。通过这种节奏，婴儿会明白语言不是一团毫无形状的糨糊，而是通过不同的元素：单词组成句，而单词中又有音节。有论点说"妈妈腔"帮助婴儿将整个语言声音流进行分割，这也是为了以后的语言学习打基础。这当然是有帮助的。但也不是必需的，那些与婴儿正常说话的父母也没把孩子们培养成有语言障碍的人。

　　这种对语言乐感的敏感性的根源可能是子宫内生活的遗留。胎儿是可以听到外面的声音的，首先是父母的声音。但是腹壁与单词的影响要高于音乐的影响。这点我们是了解的，因为有研究人员将一个麦克风放入一位刚刚生育女性的子宫里。这个试验是在鲁贝(Roubaix)医院进行，由助听器专家沙维尔·雷纳(Xavier Renard)和德尼·盖尔勒博士（Dr Denis Querleu）两人完成的。他们通过放置在女子腹部的高音喇叭播放不同的声音（嗓音和音乐）。与此同

---

1. 来源于 2005 年 1 月 Thiessen E.D. 发布于 *Infancy* 上的文章《儿向语有助于词语切分》。

时他们通过放置于子宫内的麦克风记录下子宫中听到的声音。

如果高音喇叭播放"床前明月光"，在子宫内录到的声音基本是不能被理解的，因为声音变形很严重。好像是我们隔着一堵厚墙去听他人讲话。但是歌曲的伴乐则是经过腹壁后完全可以识别的。换句话说，在子宫里的胎儿首先听到的是词语的乐感。这是婴儿在沟通过程中的参考点，从逻辑上是行得通的，所以说"妈妈腔"等于是继续这种词语的乐感将婴儿带向语言。

但是要注意，这种妈妈腔是有时间有效性的，要知道在什么时候停止使用"妈妈腔"。儿童心理分析学家弗朗索瓦丝·多尔朵(Françoise Dolto)是第一位站出来解释必须要跟婴儿正常说话的专家，因为与我们想象的不同，婴儿并不是简单的食物消化桶。她也解释说要跟婴儿正常说话而不要像个白痴。当婴儿不明白语言意思的时候，"妈妈腔"是有用的。但当婴儿长大了，还继续使用"妈妈腔"则会有让婴儿倒退的风险。更错的是，除了用带乐感的音调说话外，还用"妈妈腔"说些类似用"车车"代替汽车的话。这是更为愚蠢的，没任何研究能证明这样改变词语会对婴儿或孩子有好处。

"妈妈腔"对婴儿还是有好处的。我们也可以注意到某些恋爱男女会在亲密时刻使用这种儿化的"妈妈腔"（比如你—爱爱—我吗？亲亲）。关于这点，科学研究没啥可说的。可以认为是亲情的最佳表现，因为这与无条件的母爱有着直接关联。但是我们也可以认为恋爱中的男女有时会回到弱智状态。

13.

为什么有"七宗罪"？

您肯定是知道的，在天主教中有七宗原罪。如果您忘记了，我可以帮您恢复一下记忆：色欲、贪婪、嫉妒、傲慢、懒惰、贪食、怒气。当然也有其他的罪恶，就比如说谋杀、盗窃或恋童癖吧，但这些都源自这几种原罪。好吧，但为什么是七宗原罪，而不是六宗、九宗或者十五宗呢？

其实值得注意的是，不仅仅是原罪有七宗，还有很多其他的事也是以七计算的。我们可以数到的包括：世界七大奇迹、一周七天、白雪公主和七个小矮人。这还没完，还有俗语：要把舌头在嘴里转七次再说话；打个镜子晦七年。还有天上的七色彩虹，音乐的七种音标，七个圣礼，七个雇佣兵，七种艺术，七家游戏（一种桌游），瑜伽的七个脉轮……您可以继续补充这个清单。

现实中不仅有这个数字七。数字三也是比较有名的，比如三位一体；数字十也出名，比如十戒；或者数字十二也不错，比如基督的十二位圣使徒、午夜的十二响。但是得承认数字七的知名

89

度还是遥遥领先的。

那些神秘教派的信徒会说七是神圣的。这还是有证明的，因上帝用七天创造了世界。据说七代表了"凡世"与神圣的结合。因为"凡世"有东南西北四角，加上三位一体（圣父、圣子、圣灵），三加四等于七，没算错。但这等于啥也没解释，还是停止胡喷吧。

我们确实可以认为数字"七"之所以这么知名是因为确实参与到我们现实生活中，并处处可见。但是如果真的去较真看看事实的话，这个推理是经不起推敲的。每次我们谈到"七"的时候都是属于人为约定。举个例子就是世界七大奇迹。没有任何客观理由限制为七个 [其实很多人还都不知道有哪些："埃及（吉萨）的金字塔""巴比伦的空中花园""奥林匹亚的宙斯神像""以弗所的阿尔忒弥斯神庙""哈利卡纳苏斯的摩索拉斯王陵墓""罗德岛的太阳神铜像"以及"亚历山大港的灯塔"]。

乐谱的音符也是没有客观的理由必须要七个。有事实为证，比如在中国或者在非洲，就有以五个音符为基础的音乐，所谓的"五声音阶"。每周七天也是属于人为约定的。再看看天空中的彩虹，又何止七种传统色彩（赤橙黄绿青蓝紫）。

那些想在大自然中寻找"七"的解释的人也会被迫吞下自己的推理。比如在中世纪时，当时说的是七个大海，于是忘记了其他十几个。与此相反，当今天我们说到"七个大洋"的时候，这也是一种值得讨论的约定。因为如果真说到大洋的话，仅仅只有四个：太平洋、大西洋、印度洋、北冰洋。

针对陆地，也是同样的计算方式。我们确实可以数出七个：北美洲、南美洲、亚洲、欧洲、非洲、大洋洲和南极洲。但这也没什么必要非得这么划分，科学家们一般说是六大洲，因为欧洲和亚洲同处一个欧亚大陆。同时也有另外一种约定，就是将南北美洲合并，所以最后只有五大洲。

归纳一下，在自然界没有任何特别的事情可以说明数字"七"的特殊地位。所以我们可以推理出的结论是数字"七"所有的特殊地位是人为干预的结果。为了能够了解这其中的理由，还是要转向心理学来获得帮助。

举例说明，曾经做过一个调查对象近2000人的测试。研究人员要求他们随意地从0到9选择一个数字。什么结果呢？超过30%的人选择了数字"7"[1]。为了解释这个结果，其中一个假设是：当我们随意选择一个数字时，我们会潜意识地去掉那些具有特别数学特性的数字[2]。这些特性中有偶数，于是所有的0、2、4、6和8被排除。也有的是属于数字3的倍率数字：3、6和9也被排除。数字5，作为1到9的中间值，也是属于有特性的。于是最后从数学角度讲最"中性"的就是数字"7"了。于是当我们要随意选择一个数字的时候，尽管我们数学可能不是很好，但数字"7"还是会被潜意识选中。

1. 来源于1976年2月Kubovy M., Psotka J. 发布于 *Journal of Experimental Psychology: Human Perception and Performance* 上的文章《数字7的优势和数字选择的明显的自发性》。
2. 来源于2001年Griffiths T.L., Tennenbaum J.B. 发布于 *Proceedings of 23rd annual conference of the Cognitive Science Society* 上的文章《随机性与巧合：调和直觉与概率论》。

但是还有另外一个更让人信服的理由可以解释数字"7"的重要性。就是在短时间内我们能够记住的事情的数量[1]。如果给您展示一系列照片，一般来说您能记住 7 张。无论是给您看了多少张照片，15 张、20 张或 30 张，您能记住的就是 7 张。同样如果让您记忆单词或声音：您也只能记住七个。无论对任何人都一样。

这个数字正好符合"记忆的跨度"，也就是说在"短期记忆"或"工作记忆"里能够储存的数量。不要与长期记忆混淆，我们当然可以记住大量的长期信息，但这需要其他的大脑进程干预才行。那些记忆好的人可以记住很多长期信息，但是从"工作记忆"上来讲，他们跟一般人没区别，也只能短期记住平均七个信息。如果想更多地记忆信息，就只有一种方法，就是将信息分类。比如我们能够记住一个十位数的电话号码，那就是将这个十位数按照每两个数字一组进行分类。但如果这些信息是相互独立的话，那就没办法了，我们只能大概记住七条。

在口头文化中，这个短暂记忆的后果是很容易想象的。站在我们远古祖先的立场上想象一下，他们可以相互之间讲个故事，故事中有很多人物。但是当他们开始将故事讲给他人的时候，他们只能记住七个人物。无论他们说什么，诸如建筑物、人物、原罪或者随便一件事，"七"是他们记忆中最大的信息量，也就是可以传播的信息量。

---

1. 来源于 1956 年 Miller G.A. 发布于 *Psychological Review* 上的文章《神奇的数字 7±2：人类信息加工能力的某些局限》。

数字"7"没有魔术来源或者是神圣基础，它仅仅是大脑记忆活动局限性的后果。这个局限性在当今已经基本过时了，因为今天我们可以用智能手机及时存储无限量的信息。所以我们"短期记忆"的扩充基本是无限的。于是数字"7"的神奇也就没有理由存在了。但这不会阻止人们继续讨论七宗原罪，或者白雪公主的七个小矮人，或者七重天。

14.

为什么伴侣们看起来会有夫妻相？

仔细看看您周边的伴侣们，您会看到他们有夫妻相。倒不是长得特别相似，但有那么点微妙的地方：脸型、眼睛周围、唇型、某些面部表情……当然，这也不是绝对的，我们也认识一些相貌差异很大的夫妻或者情侣。无论如何，相像是很常见的，这也是很多研究结果证明的。

他们的研究原则一直是一样的：拿几对夫妻的照片，打乱一下，然后找些不认识这些人的调查对象，要求这些调查对象观察照片，将他们认为是一对儿的挑出来。每一次做这种测试，成功率都很高 [1]。所以这就是伴侣间客观存在某种相像的证明。无论是异性恋还是男同性恋或女蕾丝情侣，调查证明这种相像都是存在的。一般来说，平常大家都说是"反向相吸"，但现实中更多的是"不像不相聚"。

这可能是源于早期"痕迹"。也就是说，对儿童时期所见过的面孔有种依恋。生物学家们在动物身上发现了这一特征，而心理分析学家在人的身上确认了这点。依恋的目标可以是母亲或者是父亲、兄弟、姐妹……等到成年后，您潜意识地会去寻找一个与依恋目标有些接近的伴侣：这在逻辑上没问题，确实有他或她与您的相貌特征有相似的概率（因为您本人会与您的家人相貌相似）。

恋爱伴侣之间的相像也可通过某种潜意识的自恋来解释。您爱得超过一切的人肯定是您自己。所以您所寻找的就是您自己的相貌特征。在"另一个自我"中，自我的意义要超过另一个。爱自己所爱的人就是爱自己，所以当您的伴侣与您相像的时候，这就会更容易。

这种相像的研究并不仅限于相貌。有一个基于几千对伴侣的调查[1]表明双方的名字中会出现都有相同字节的趋势。如果您叫朱莉(Julie)，您会有更多的可能嫁给一个叫让（Jean）或杰洛姆(Jérome)的人，而不是克里斯托夫(Christophe)或者沙维尔(Xavier)。

这种对相像的寻找并不仅限于人类。那些选狗的人会去找一条带有他们自身特点的狗：一位金发女子会找一条皮毛比较光亮的狗，一个肌肉男会找一条獒犬，等等。这与相恋伴侣的相像原

---

1. 来源于 1985 年 3 月 Kopelman R.E. 发布于 *Psychological Research Reports* 上的文章《头韵在配偶选择中的作用：芭芭拉会嫁给巴里吗？》。

则是一样的，是我们在对方身上找些我们自身的特点。

但还是回到人类身上，因为我们还没完全与这些让人惊讶的事了结。不仅我们会找那些与我们相像的人，而且一旦找到了，随着时间的推移我们会越来越相似！

这是密歇根大学的罗伯特·B.扎庸克的结论 [1]。他找到很多不同伴侣的照片。有些照片是在刚刚结婚的时候拍的，有的是共同生活 25 年后拍的。他把这些照片混起来，然后他找些人，展示给他们随意挑选后的照片。那么他发现了什么？根据这些 25 年共同生活后的照片，这些人很容易地挑出了哪些人是伴侣关系。这就说明这些人 25 年后比当年度蜜月的时候更相像。令人难以置信吧！

罗伯特·B.扎庸克还提出一个很让人信服的解释。人经历过的情感会从长期角度雕琢面孔。比如经常沉着脸的人最后的脸也是永远耷拉着的，同样如果经常嬉笑的脸庞永远会有愉悦的表情，等等。您从来没有碰见过这样的人吗？

因为与伴侣长期生活多年，双方共同分享了情感，共同经历了很多事件，所以潜意识的模仿造成我们会抄袭对方，尽管自己没意识到。还有，我们还会设身处地地为对方着想，这也让我们分享了对方的情感……时间一长，这些共同的情感以同样的方式雕刻了伴侣双方的脸庞。

但这也不完整。罗伯特·B.扎庸克还让这些伴侣填了一份问

---

1. 来源于 1987 年 4 月 Zajonc R.B. et al. 发布于 *Motivation and Emotio* 上的文章《配偶体貌的趋同性》。

卷。他发现那些自认为生活得很幸福的伴侣也是面孔最为相像的。这也是在逻辑上讲得通的，如果还是按照刚才的理论，越是亲密的伴侣，他们越是共同分享情感，于是他们的面庞也越相像。

您肯定碰见过一些看上去好像是兄弟姐妹的老年伴侣。您会觉得令人感动，您还会说他们生活得非常幸福。如果根据圣－埃克苏佩里（Saint-Exupéry，童话《小王子》的作者）的定义，爱情是"一起看着共同的方向"的话，好像也是与他所说的相反，爱情也是"面对面地看着对方"。有可能不需要太多，但多少得看看对方。

15.

可以辱骂裁判吗?

在足球场上，经常可以听到球迷们的叫骂声，而且无论是其中哪一方球迷，总会有人用一些带有生理名词的话中气十足地辱骂裁判，可以说这种体育风俗已经延续很久了。对于那些被骂的人来讲，这当然不是一件很愉悦的事情。但是，这是不是一定是侮辱呢？

至少有一种情况我们可以犹豫一下：如果裁判是同性恋，索性说得粗鲁点，可能他真的喜欢肛交呢？在这种情况下是不是应该认为这类脏话虽然不是很雅，但不是骂人而仅仅是对事件的看法。

法国法律是这样定义"辱骂"的："所有带有藐视、鄙视或谩骂并无事实根据的表现行为[1]"。简单地说，辱骂就是鄙视或者藐视对方。这种定义并不全面。事实上根据各级法院司法解释作出的定义更为明确："一旦有伤害对方的意愿，并且对方显示出

---

1. 1881 年 7 月 29 日颁布的有关新闻自由的法律。

因该攻击而受到影响的即为辱骂[1]"。

这是辱骂行为，因为意图是要侮辱对方。无论裁判是否有肛交行为，都不会改变这个辱骂行为的本质。不仅如此，如果裁判真的是同性恋的话，这种行为的性质反而更为严重，因为还有对同性恋的歧视（应该能注意到的是，一般对同性恋者的诋毁多数是针对那些"被动的"同性恋者而不是那些"主动的"）。

所以在辱骂中，真实性并不重要。比如当您辱骂某人是"死胖子"时，此人是否体重超标并不重要，这并不构成减轻处罚情节。相反，还可能是加重处罚的因素。因为他胖，才骂他胖，这是对他的冒犯。如果被骂的人是因为厌食症而骨瘦如柴的话，这种辱骂则会因为胖瘦对比而刺激到他。类似场景非常多见。如果您辱骂某人是"混蛋"，而他到法庭去以侮辱罪起诉您，您都不能用"他真的很混蛋"这类话为自己辩护。同样，如果有人因盗窃而被判刑的话，也不允许您在公共场合用"盗贼"这类词来对待他：这还是属于辱骂。

但是如果您的用词牵扯到某一事件的话，从法律角度讲性质就变了。出于激动而辱骂裁判和在赛场上展示的大标语上面写着"裁判在更衣室有肛交行为"是完全不同的。前者您玷污了裁判的名声，但没有真实的事件，所以是"辱骂"。但是在第二个事件中，您指责裁判的某一具体行为，这样做的性质就变了，在法律定义中这属于"诽谤"。但是，是否会因为裁判真的有过这样

---

1. 来源于 2012 年 8 月 Lagorgette D. 发布于 *Argumentation et Analyse du discours* 上的文章《辱骂、侮辱和诽谤：从语言学到刑法》。

的行为，于是您就可以逃脱而不会被法庭判罪了呢？哦，真不行，裁判还是会因为您暴露了他的私生活而起诉您，您会被判刑！

用言辞伤害他人的手段有多种。有的词本身与其他词的搭配就会有辱骂性。这也是语言学家多米尼克·拉高杰特(Dominique Lagorgette)所说的"辱骂的神奇方程式"：比如"肮脏"或与"下贱种"类似的"××种"。将一位裁判称为裁判是没有侮辱性的，但是如果是说"脏裁判"或者"裁判种"就是很蔑视的。

语言环境也很重要。如果裁判是同性恋者，而您也是，然后您在一个同性恋聚会场所见到他了，您完全可以不受任何处罚地对他说："哎，基友，请我喝杯酒吧？"这是因为在男人中间经常会这样相互称呼，而且也不会引起问题；这属于"常规礼仪性辱骂"，它表明的更多是某种默契。

同样的表达在某一环境下属于辱骂性的，但在另外一个环境则不是。同样平常视为恭维的话，在某些场合也是带有辱骂性的。如果您跟一位女性说她很漂亮，她不会起诉您。但是如果您跟一位女警察说"美女"，她很有可能会很不满。因为她所代表的是国家职能，所有超过常规礼仪范畴的都可以对她所代表的道德权威产生影响。从法律上讲，这已经不是"辱骂"而是"藐视"，在法庭上会判得很重。

比"藐视"还要严重的是"触犯"。在日常生活中，任何人都可能感到被某种言论或行为"触犯"。但从法律角度讲，"触犯罪"只涉及一种情况：当您辱骂国家元首时（但是相应地，如果国家元首辱骂一位公民——比如说"蠢材"——却没有相应的法律定罪，您能想到我说谁了）。

　　无论怎么说，如果您因为您的言语被起诉到法庭了，要知道没有三十六计来为自己辩护。要么您辩解您的"诚意"，说您真的没有想伤害他人的想法；要么您说的环境，比如说是在某个报刊或者某首歌曲的词里，因为报刊编辑或者歌词作者从理论上讲有比路上普通老百姓更大的言论自由。如果是在足球场内，这种辱骂行为尽管根深蒂固，但从法律角度并不构成减轻处罚情节。话是这么说，我们还是很难想象一位裁判会起诉看台上的某位球迷。在球场上，虽然不会将球员起诉到法院，但是裁判会出示一张红牌，将球员罚下。

　　奥地利的研究人员曾经探访了超过 200 名裁判[1]。他们的问题是针对球员的每种辱骂裁判们会如何处置：简单警告、黄牌或者红牌？结果是裁判们对那些基于自己身材的辱骂表现一般，仅有33.8% 的裁判会出示红牌。但是如果球员的辱骂是针对裁判的智力水平或者是性取向的话，红牌比例就高了很多（分别是 58.8%和 73.7%）。但是最不能被裁判们忍受的是涉及生殖器的辱骂：红牌率上升到 80.7%。所以我们可以根据裁判对辱骂反应的严重程度来排序：小矮子、傻子、性无能……但记住，无论裁判是否真是傻子或者真的性无能，从法律角度来讲都是没有效力的。

---

1. 来源于 2011 年 10 月 Praschinger A. et al. 发布于 *Journal of Sports, Science and Medicine* 上的文章《我可以骂裁判吗？脏话和后果》。

16.

为什么男人都有处女情结？

很多男性都想成为"第一个"，但这真的是很让人惊讶。其实应该说成为"最后一个"才更荣耀——那个了断她想了解其他男性的欲望的最后一个男人。但真不是这样。男性们都想成为"第一个"。

有两大类处女，一类是要使得她们失去童贞的，一类是要崇拜的，后一类从远古时代就开始存在于各种神话或宗教中。从古希腊时代（雅典娜、阿尔忒弥斯、赫斯提亚当时都是处女女神）一直到非洲传说，中间还得包括芬兰或者印度的传说。

这些神话中的处女并不满足于保留住她们的处女膜——任何一位女性都可以做到，如果她真的想的话，而且她们经常会怀孕生产后继续是处女，不能不说，这还真是很难。大多数宗教教义中会说这是奇迹的诞生，所以得推断说有若干种方法能怀孕又依然是处女。或许神圣的精子会通过一次显灵，一次呼气，或者梦中……进入女性身体。在《圣经》中以撒出生时，母亲已经 90 岁高龄，且无子宫。佛祖出生则是因为他妈妈梦到一只鼻上卷着莲花的白象进入她的身体。还有那起著名的事件，就是大天使加百利告诉玛利亚她将受圣神孕而生下圣子基督。一般来说，大家关心的更多是受孕的事，而不是临盆生产。处女状态怀孕了……好吧，为什么不能呢？但一位女性能在婴儿通过她的阴道诞生后依然是处女状态，这也太超自然了吧！

需要承认的是在所有的处女中，玛利亚的生涯最光彩。尤其是从公关角度看，无人能及。从公元 4 世纪起，在基督教世界，她大概显灵 21000 次[1]。在 17 个世纪里显灵 21000 次，算起来每年要出现 123 次，基本是平均每三天一次。她还真没偷懒啊，圣母玛利亚！还得说她很谦虚。她完全可以在全球各国首都的中央广场上，在成千上万的人面前显灵，但真不这样，她喜欢与一两位在穷山僻野中行走的无名氏偶遇。

更为理性地说，这种童贞的象征在人类历史上之所以有这样重要的地位，是因为它根深蒂固地存在于我们潜意识的深处。这是可以通过不同角度来解释的。从生物学角度来说：男性并不能百分之百地确认后代与他的血缘关系，最好的保证就是作为第一个，而怎么证明自己是第一个，就是处女膜。赋予童贞这样的重要性，这也是男性主导地位的表现。除此之外，只有女性的童贞才被这样神圣化。因此用词上处女是个阴性词，而不是阳性（法语

1. 来源于 2000 年 3 月 Sara Horsfall S. 发布于 *The Social Science Journal* 上的文章《圣母玛利亚显灵的经验和玛利亚之崇拜》。

名词分阴性和阳性）。而另外一个词"处男"基本是属于"缺心眼"的同义词。

对处女的迷恋也是可以通过弗洛伊德的理论来解释的。源头在俄狄浦斯情结——儿子对他的母亲有欲望，但问题是有父亲的竞争，于是乎儿子拒绝想象父亲与母亲的性行为。这也是我们从心理分析学角度所说的"对原始场景的拒绝"。从这里开始，女性性欲望就成为一种焦虑的源泉，然而排除这种焦虑的解决方法就是通过理想化将其母亲视为处女。这种理想化落实到圣母玛利亚的身上，她既是母亲也是处女[1]。

与我们能听到的一些言论说的什么道德败坏世风渐下正相反，在法国处女的第一次性生活并不是越来越早龄化。那些小姑娘很可能在 12 岁的时候通过互联网看到了色情电影，但不会因为这个就跨出一步来开始其性生活。事实上，第一次性生活的平均年龄近 30 年来还是比较稳定的：在 17 到 18 岁[2]。但是我们也要确认一下什么叫处女。

美国青少年是如何定义"性关系"的？几次调查[3] 给出了它们的定义。根据不同的调查人群，调查结果多少有点波动，但60%~70% 的女孩子们不认为口交或自慰属于"性关系"。从法律角度来看，口交肯定是性关系，因为如果不是双方意愿下的这

1. 来源于 2007 年 Cayat E., Fischetti A. 发布于 *Albin Michel* 上的文章《欲望与娼妓》。
2. 准确地说，女孩是 17.6 岁，男孩是 17.2 岁，根据法国国家人口研究院的 2006 年调查结果。
3. 来源于 2007 年 Bersamin M.M. et al. 发布于 *Journal of Adolescent Health* 上的文章《定义贞操和禁欲：青少年对性行为的解释》。

种行为，会被视为强奸。而肛交则不同。低于 20% 的女孩子在有过肛交之后还认为自己是处女，但事实上处女膜还是完整的……所以去试图理解吧。这也可以看出，处女更多是存在于大脑中的。

这当然不是那些嫉妒心强的丈夫所同意的，是他们在文艺复兴时代给自己的女人发明了贞操带（与大家经常认为的正相反，贞操带不是在中世纪被发明的，而真的是在文艺复兴年代）。您知道吗？贞操带现在还有生产并且有销售。但是为了买到这些东西，得去——性用品商店中专门的 SM 柜台。想想看，当年贞操带被部分人作为贞洁的象征，而今天它则是某些人增加性生活情趣的一个配件，这真的很有讽刺性。

17.

军乐会令人更兴奋?

阿尔伯特·爱因斯坦是一位伟大的科学家，也是和平主义者，但同时也是叛逆者。对于军乐，他曾经说："如果一个人可以在乐曲伴奏下的列队游行中得到某种乐趣，我鄙视这个人——他不值得拥有人类的大脑，因为脊髓就能让他满足[1]。"从音乐角度来讲，喜欢或者不喜欢军乐是件个人偏好的事儿。但是如果按爱因斯坦的说法，军乐貌似对士兵来讲有着几乎机械性的作用。针对这一点，我觉得是可以讨论的。

在拼刺刀的时代，是不是战场上笛子和鼓的声音会鼓舞士兵让他们刺得更狠呢？而在今天，坐在电脑屏幕前发射导弹的军人是否要听着电子舞曲（techno）来让自己兴奋呢？到目前为止还没有相关方面的研究，但这不是不可能的，尤其是当我们了解了在很多情况下音乐对人类行为的影响之后。

我们还不至于说军乐会让士兵们进入催眠状态，就像是《小

---

1. 来源于 2009 年 Einstein A. 发布于 *Flammarion* 上的文章《我是怎么看这个世界的》。

笛手》(*Le petit joueur de Flûteau*[1]) 中的老鼠一样跟着小笛手走到河边淹死。但是我们确认的是——这点我们的看法与爱因斯坦相同——音乐影响行进步伐的节奏。如果让一群走路的人听到一段快节奏的音乐，他们会有加快步伐的趋势[2]。在走路过程中，身体是跟着自然节奏走，大概是相当于腿和胳膊的运动节奏，还有心跳……而在听着音乐走路时，我们会潜意识地与听到的音乐节拍同步。这只需要在生活中跳一次舞就可以明白。

　　音乐因此对人体有着机械效应，而我们并不能确认大脑是完全参与其中的，因此爱因斯坦的说法还是有道理的。但音乐的创作也不单纯是为了闭上眼睛坐在沙发上从知性角度去欣赏的。爱因斯坦对军乐的批判也适用于海员歌曲或者欧维涅圆舞曲或蓝色奶酪产区的布雷舞曲上。其实随着电子音乐进入恍惚状态或者是在重金属音乐会上跳起 Pogo 舞，真不比跟着军乐节奏参加列队游行需要更多的神经细胞。让身体跟着音乐节奏而动吧，但为什么按照爱因斯坦的说法，这是"令人鄙视"的呢？历史学家威廉姆·H. 麦克内尔倒不这么看："跳舞中或列队行进中的人们更多的是处于一种孩童期意识的状态，没有自己与外界的区分，这种持续的节奏刺激会产生一种类似胎儿期的情感[3]。"

---

1. 译者注：德国格林童话中的一节，故事发生在 1284 年，在德国一个名叫哈默尔恩（Hameln）的村落，那里鼠满为患。某一天来了一个外地人自称是捕鼠能手，村民向他许诺，能除去鼠患的话会给付重酬。于是他吹起笛子，鼠群闻声随行，被诱至威悉河淹死。事成后，村民违反诺言不付酬劳，吹笛人愤而离去。数周后，正当村民在教堂聚集之时，吹笛人回来吹起笛子，孩子们闻声随行，被诱至一个山洞内，困在洞中而死。
2. 来源于 2007 年 Styns F. et al. 发布于 *Human Movement Science* 上的文章《随着音乐走》。
3. 来源于 1995 年 William H. McNeil 发布于 *Harvard University Press* 上的文章《适时在一起》。

音乐可以对人类行动产生多种影响。有的好，有的不是太好。在一个快节奏的音乐环境下，运动员射门的成功率更高[1]，赛车手开得更快[2]，同时餐厅里的客人也会吃得更快（正因如此，在快餐厅里会通过音乐播放来加速客人的来来往往）。

但是音乐不仅仅会有机械效应，也有提升智力的表现。一些研究表明，如果孩子们在听类似迪士尼的音乐时，他们做算术题的成功率会比那些在安静环境下的孩子高[3]。古典音乐也会让孩子们不是那么吵闹同时也没那么具有攻击性。所以应该重新考虑学习环境了，不见得就必须是安静的！

音乐的影响也在口中的唾液里有所表现。听音乐然后吐出唾液，在唾液中我们会发现皮质醇，这是一种控制焦虑程度的激素。法国国家科学研究院(CNRS)的神经物理研究员斯特凡妮·卡勒法(Stéphanie Khalfa)的研究证明听柔美的音乐会降低皮质醇的水平[4]，这也是心态平和的表现。但是她也给调查对象听了电子舞曲，这时皮质醇的水平上升，这证明调查对象的焦虑程度上升，甚至包括那些喜欢电子舞曲的调查对象也是这样。这种风格的音乐确实更多是以其刺激效果出名的，而不是放松，尽管如此，喜

1. 来源于 2003 年 Pates J. et al. 发布于 *Psychology of Sport and Exercise* 上的文章《异步（背景）音乐对投球手流畅状态和投球表现的影响》。
2. 来源于 2002 年 4 月 Brodsky W. 发布于 *Transportation Research, Part F* 上的文章《音乐节奏对模拟驾驶性能及车辆控制的影响》。
3. 来源于 2002 年 2 月 Hallam S. et al. 发布于 *Educational Studies* 上的文章《背景音乐对小学生作业绩效的影响》。
4. 来源于 2003 年 Khalfa S. 发布于 *Annals of New York Academy of Sciences* 上的文章《心理应激后听放松的音乐对唾液皮质醇水平的影响》。

欢这种音乐的人并没有因此而感到痛苦。

我们不知道电子舞曲是否杀死过人，但是摇滚乐曾经导致人死亡。其中最著名的是那些27岁便离世的摇滚乐手，被我们称为"27俱乐部"的成员，他们有：吉姆·莫里森（Jim Morrison）、科特·柯本（Kurt Cobain）、珍妮丝·乔普林（Janis Joplin）、吉米·亨德里克斯（Jimmy Hendrix）——2011年，艾美·怀恩豪斯（Amy Winehouse）又加入了这个俱乐部。这个俱乐部成了伟大的传奇。是否可以归纳出弹电吉他与27岁死亡有关联呢？为了了解这点，统计学研究员们分析了从1956年到2007年上千位摇滚音乐艺人的生平[1]。在这期间，大概71位音乐人过世，约占7%。但是统计学家们没有发现27岁与这些人的死亡有关联。对于年轻的摇滚音乐人来讲，这倒真是个好消息，他们不至于像吉姆·莫里森或者亨德里克斯一样离世然后成为摇滚传奇。但是这个好消息也还是需要再冷静分析一下，因为结果也表明摇滚音乐人还是很容易过早离世的。准确地说，研究表明32岁是个死亡高峰期，特别是在20~30岁的过早死亡率这点，摇滚音乐人的概率是普通人群的两到三倍。一般来说（除非有证据），演奏军乐并不是特别危险，我们就可以做出这样的判断：摇滚乐要比军乐"杀人"多。爱因斯坦肯定是不知道这点的。

爱因斯坦讨厌军乐，实际上是他厌恶军队，甚至认为"是最

---

1. 来源于2011年 Wolkewitz M. 发布于 *British Medical Journal* 上的文章《27岁对于著名音乐人是否真是个危险年龄？回顾性队列研究》。

差的组群"。话说回来，在摇滚音乐会上也是有组群特征的，只是与那些被同步的"机器人"阅兵列队行走的差异在于参加音乐会的人是去跳舞。这点有可能会讨爱因斯坦喜欢。

18.

长得丑但嗓音美，这可能吗？

这种经历您肯定有过：您与一个人在电话里聊过几周，您被他或她的嗓音所吸引。所以肯定的，您想给这个嗓音加上一副美好的面孔，您最后决定去见见这个人。然后，啪啦啦，又跌回人间了。那个很有男人味的男人或者很性感的女人，与您想象的形象不相符，而且一点都不相符。

只需要有过一两次这样的经历，您就会想到声音与视觉是没有任何必然关系的。一副好嗓音未必伴随着令人愉悦的相貌，当然反向也是成立的。我们能确认的是至少不是每一次都符合。但是是否就此认为相貌与嗓音从来就没有过任何关系呢？真不确定……

这个问题也是几个调查研究所要考证的。问题是，这些调查研究结果并不相符。有的研究人员说在相貌与嗓音之间有关联，而有的则认为一点没有……还有人说调查结果要根据"不同情况"而定。于是结论真不容易下。

但是，首先让我们从已经得到明确证实的内容开始讨论这个问题吧。如果我们让不同的男性（或女性）来听不同的嗓音，然后询问他（她）们哪些是喜欢的嗓音，结论是很明显的。女性一般喜欢那些比较低沉的男性嗓音，因为她们会将这个与某种男子汉气质相联系。男性正好相反，他们喜欢那些音比较高的女性嗓音，因为这会让他们联想到年轻女性。

这是可以解释的。在儿童时代，男孩女孩的嗓音大概是差不多的。但是在开始有青春期迹象的时候，男孩子们开始在睾丸里产生睾甾酮。这种男性激素会在体内产生很多影响。特别是它会在咽喉部分有影响，而这里正好有声带，声带与想象的不同，不是带子而是肌肉。睾甾酮延长了男孩子们的咽喉，也就延长了他们的声带。正因如此，男孩子的声音开始变得比女孩子要低沉。所以嗓音成为性信号也就一点也不让人吃惊，因为这是种隐形关联：声音低沉 = 睾甾酮 = 男性。

再者，通常来说，越是低沉的嗓音，发出这样嗓音的源泉也就越是体积庞大。注意一下乐器就能明白了：管风琴越长的管子发出的声音越低沉。在动物界，我们也可以注意到同样的特征：比如大狗往往有比小狗更为低沉的叫声；当鹿进入发情期时，每一只公鹿都试图发出比对手更低的叫声，这样会显得更为强壮，给对手留下更深的印象。

但是在人类这里，就要更为复杂了。声带的长短与身材并不是成比例的。几个调查的原则是一样的：让调查对象听多个嗓音，然后问他们会如何想象说话的男性或女性。

如同我们曾说的一样，调查结果是多样的。有的调查结果证明嗓音与相貌没任何关系，无论是男性还是女性；有的调查发现如果女性的声音很令人愉悦，一般来说她们的身材很修长，而男性的嗓音如果比较低沉的话，他们的肩膀应该很宽厚[1]。有些研究人员认可针对女性嗓音的结果，但是不认可男性嗓音的推论[2]。还有一些研究人员总结出男性嗓音与相貌的关系：女性似乎可以通过听到的男性嗓音判断出男性的体重（而不是他的身高[3]）。

看到这么多不同的结论，我们能说的就是如果确实嗓音与相貌之间有某些关系的话，这些关系肯定不是系统性的。这么说还是有好处的，好处是电话中听到一个好声音后可以继续幻想对方的相貌，虽然会有好或坏的惊喜。不管怎么说，无论一位男性或者女性是否有好嗓音，这都不妨碍请他或她喝一杯。

这种事情应该是女性更为主动些，因为据说相对男性对女性嗓音的敏感度而言（据说男性对外貌更为敏感），女性对于男性的嗓音更为敏感。比较有意思的是这样的行为拉近了女性与动物界的雌性动物的距离，因为在动物世界里，雄性动物是通过嗓音

1. 来源于 2004 年 Hughes S.M. et al. 发布于 *Evolution and Human Behavior* 上的文章《对嗓音的吸引能力打分可以预知性行为及身体形态》。
2. 来源于 2000 年 Collins S.A. 发布于 *Animal Behaviour* 上的文章《男性的嗓音和女性的选择》。
来源于 2003 年 Collins S.A., Missing C. 发布于 *Animal Behaviour* 上的文章《女性嗓音与视觉的吸引力是有关联的》。
3. 来源于 2006 年 Bruckert L. et al. 发布于 *Proceedings of the Royal Society* 上的文章《女性通过嗓音指标来评估男性特征》。

来吸引雌性的。同样的还有两栖动物、昆虫、鸟类……比如说一只雌性金丝雀只对雄性的声音有兴趣而不是它的体貌。如果将一只鸟喙用胶布临时缠住的雄性金丝雀放在雌性金丝雀旁边，雌性金丝雀对雄性金丝雀基本视而不见……但如果在高音喇叭里播放一只雄性金丝雀的叫声，它会在高音喇叭前摆出交配的姿势，等待交配。

当然了，尽管女性对男性的嗓音比较敏感，但还不至于有类似金丝雀的行为。不过，当看到一些女性粉丝在她们迷恋的偶像面前神志不清的时候，貌似也是有可比性的。歌星的女粉丝与雌性金丝雀的共同点是将对声音的要求放在了对相貌的要求之前。比如我们不能说埃尔顿·约翰或者卢西亚诺·帕瓦罗蒂都有男主角般的体貌。但是毫无疑问的是他们的粉丝会觉得他们很性感。当然也有知名度的影响，知名度肯定会让人觉得更加美好，但我们还是能推测说这与器官（声带）不无关联。在我们这个被图像所主导的社会里，一般来说听觉排在视觉之后，但如果嗓音能让人感觉到美好，这还是挺令人欣慰的。

19.

为什么白人要晒黑而黑人要变白?

在西方国家里，人们喜欢晒黑，这个时尚我们已经很了解了。但是您知道吗？在非洲正好是相反，人们想美白。从健康角度讲这并不是太好。晒黑灯并不是没有危险，为了美白所使用的化妆品则更有侵蚀性（含汞，烧碱产品）[1]。简单地说，在富裕国家，人们得癌症是因为要晒黑，而在非洲，得病则是因为要漂白。仔细想一下，这事情也是很奇怪的，这想换肤色的欲望，是不是因为人们总觉得自身所不具备的才是美的？既然如此，那最理想的肤色又是什么颜色呢？比如是在白色和黑色之间的中间色，比如灰色、米白色或者加奶咖啡色？

首先必须要说的是最初皮肤的颜色不是为了好看。上百万年前我们的祖先生活在非洲大陆，他们当时浑身覆盖体毛，就像大猩猩一样，体毛下面是黑色的皮肤。黑色皮肤在阳光下生活是非

---

1. 来源于 2008 年 Miyanji de Souza M. 发布于 *Clinics in Dermatology* 上的文章《非洲漂白皮肤的概念与其对健康的毁灭性影响》。

常有用的，因为黑色素会抵抗紫外线的侵蚀。但是这些史前人没有都留在非洲。一部分去了北部，前往那些阳光不是那么充足的地方。固然阳光有其危险性，但是阳光也还是有些好处的，特别是允许体内合成维生素 D，缺少维生素 D 会导致 "软骨病"，这种病在当今比较少见了，但是曾经在儿童中是常见的。

深色的皮肤会减少维生素 D 的合成。对于那些在阳光灿烂的地方生活的人来讲，这不是太大的问题，因为尽管皮肤黑，他依然可以接收到足够的紫外线。但是如果是深色皮肤的人生活在一个阳光不是很充足的地方，他会缺少维生素 D。这就是为什么在那些缺少阳光的地区，那些居民的皮肤在进化过程中变得越来越白。总结一下，塞内加尔人是黑皮肤，这是因为可以避免得皮肤癌，而白人是白皮肤，这是为了不得软骨病。所有皮肤的颜色不是什么 "种族" 的标志，仅仅是人类对环境适应的结果。

所以截至目前，白人有足够的理由做白人，黑人也有足够的理由做黑人，因为这些都对他们的健康有好处。等到美观标准加入进来的时候，最初白人是不想晒黑的，正相反，他们想比白还白！比如曾经有很长一段时间 "阿司匹林白" 就是理想的美。从古埃及艳后克里奥帕特拉到文艺复兴时期的凯瑟琳娜·德·梅第奇，当时的贵族女性们都使用化妆品让自己显得更为苍白，但凡有一丝阳光，她们就要打开遮阳伞。

对于美白的追求是可以通过其心理因素来解释的；白色往往是纯净的象征，所有 "比较光亮的" 都是积极因素，而所有 "昏暗的"都是负面的……但事实上，对"白色"所赋予的道德价值都是由社会原因造成的。一直到19世纪，绝大多数工种都是在户外进行的。皮肤粗糙而又被晒得黝黑，这等于说自己是劳动人民，象征着贫困。与之相反，带着有点尸体白的肤色，就是要表明自己足够富有，可以靠其资产年金收入过活[1]。有点像戴着大礼帽或者是穿着紧身胸衣裙一样。

这一切从19世纪下半叶开始变化。首先要感谢医生，他们发现了阳光有助于身体健康，所以开始建议肺结核病人去做"阳光浴"。等到了1903年，诺贝尔奖获得者内尔斯·芬森(Niels Finsen)发现了软骨病与维生素D的关联。从那以后阳光不再被认为和体力劳动及贫困有必然相关，而是被认为会带来完全绽放的健康。

出于美观的要求则是后来才有的。这得托可可·香奈儿(Coco Chanel)之福，她是在1920年第一位去晒太阳的名媛。随后所有的事情就全都加速进行了。阳光浴随着旅游的发展而被普及，然后是带薪假期的出现。等到了1946年，比基尼泳衣被发明了，这对发明来说可能是一小步，但对晒黑是巨大的一步。

黑人开始美白则是在20世纪50年代。可能当时除了种族歧视分子，比如美国3K党（Ku Klux Klan）或者那些"白人至上"主义者，晒黑这种时尚并没有在西方国家引起抗议运动。但在黑人社群中，则是不同了。美国20世纪60年代开始有"黑即是美

1. 来源于1998年Koblenzer C.S.发布于 *Clinics in Dermatology* 上的文章《日照和晒黑的心理学》。

（Black is Beautiful）"的运动来抵制认为黑就是丑而需要美白的观念。但是到了今天，这项运动基本上没有什么支持者了。至少在非洲是这样，因为在这片大陆上，塞内加尔女性中有52%、马里首都巴马科的女性中有50%去做美白。而且不仅仅是在非洲有这种美白需求，在亚洲的印度，美白产品在所有的美容产品中的比例是40%[1]。

当我们问加纳的女性们为什么她们要让自己的皮肤更白皙，她们的答复是为了"更干净""更漂亮""对男人更有吸引力""显得更为精致又现代"。于是根本不需要学社会学就能明白白皮肤对非洲人来讲代表着财富和权力。对自己的皮肤美白也就是在靠近社会主导阶层。

这种思路并不是对称的。对于白人来讲，晒黑并不是要接近贫困的非洲人民。事实上正相反。深色皮肤在非洲是贫困的象征，但是在富有的地区，这是财富的象征。一个晒黑的西方人可以说明他是有钱去追随太阳的：去做紫外线晒黑，或者是去滑雪……19世纪前，晒黑的皮肤是劳动者的象征，因为要天天外出劳作。今天白色则是那些天天在办公室工作的白领一族的象征，他们没有能力去有阳光的地方度假，或者是他们有钱，但是没有能力让别人替他们劳作。

最后，我们说某种色彩的皮肤是客观的，但比较哪种肤色漂亮是错误的。一会儿白，一会儿黑，随着不同的地域，不同的时代，美的标准是随之变化的。但还是有一个潜规则的：之所以被认为"美"，是因为比较靠近统治阶级的原因。

---

1. 来源于2011年4月Blay Y.A. 发布于 *The Journal of Pan African Studies* 上的文章《皮肤漂白与全球的白人至上主义：引论》。

20.

为什么意大利人讲话时手势多多?

说意大利人带着手势说话就好像是说苏格兰人很吝啬，说波兰人很爱酗酒或者科西嘉人比较懒惰。这都是一些成见，甚至有点仇外。但如果说不是所有的意大利人说话都带手势的话，至少有些人是这样的。有些人还会很自豪地表露出来，比如歌手弗理德里克·弗朗索瓦（Frédéric François）在他的那首非常流行的歌曲《我按意大利人的方式来爱你》里唱的："噢~哦~喔，我按意大利人的方式来爱你，我的心在跳，我带着手势说话，而当你提到别的男人，我会眼红。"

就跟着弗理德里克·弗朗索瓦走吧，姑且说"某些"意大利人说话带手势。既然如此，是纯粹毫无意义的卖弄风情，还是这些手势真的有个更为微妙的存在理由呢？

首先，手可以讲述事情。一般来说，语言学家将手势分成五个类别[1]。有的手势是要给讲话带来节奏，比如当您在列数一个清

---

1. 来源于 2008 年 2 月 Kelly S.D. et al. 发布于 *Language and Linguistics Compass* 上的文章《手势有助于语言和学习：认知神经科学、发展心理学和教育的展望》。

单时，您的臂膀会随之而动。另外一类的动作是用来代表某一物件或者某一行为：当您说到一架飞机的时候，您会模仿飞行的动作。还有的行为将您的言论与物件关联起来：当您说"小心！"的时候很常见的动作是您指出危险所在。也还有些动作被称为是"比喻类"的，就是将您说的抽象的内容加上一个现实的形状：突然脑子里有个想法，您会做出从脑子里摘出这个想法的动作。最后一类是有 "象征性"的，就是自身带有意义，并独立于言论的，比如竖起大拇指来说一切都好。

这些手势动作都是为了在抓住听众的注意力的同时更好地传递信息，这点是很显然的。但不那么明显的是，这些动作也会帮助说话人来更好地表达。有几个调查研究结果证明了这点[1]。举例来说，有些人处于某种环境下，被要求说出并记住某些词。结果呢，如果允许他们的手做出动作的话，这些词更容易被他们记住。

其他一些调查研究是以孩子为主体的，它们的结论也是类似的：如果鼓励孩子们做些动作而不是要求他们不动的话，他们会把课程记得更好[2]！这与在各个学校里现行的教条是完全相反的。与其严格要求他们像螺丝一样一丝不动地钉在椅子上，还不如从教学效果角度出发，允许孩子们在椅子上扭扭动动！

我们也可以认为，如果说人们说话要带手势，这兴许是因为

---

1. 来源于 1998 年 7 月 Krauss R.M. 发布于 *Current Directions in Psychological Science* 上的文章《当我们说话时为什么要有手势？》。
2. 来源于 2010 年 Ping R., Goldin-Meadow S. 发布于 *Cognitive Science* 上的文章《当讨论不在现场的对象时，手势可以节约认知资源》。

人们有表达困难。在这种情况下，或许就不应该让孩子们做手势了，因为这会妨碍他们对语言的学习掌握。但事实也是相反的。有研究人员要求学双语的孩子们用两种语言讲述同一个他们记住的故事，与此同时他们观察孩子们的动作[1]。当孩子用双语时，一般来说，他们掌握的语言总是有一种相对好过另外一种。如果做出假设说当人们有表达困难的时候会用动作来弥补的话，我们应该能看到这些孩子在用他们掌握得稍差的语言表达的时候会有更多的动作。事实又正好相反：孩子们在用自己掌握得更好的语言说话时候动作更多。换句话说他们没有用动作来弥补语言表达上的困难，他们很自在，用动作来说明更多的事情，更好地讲述他们的故事。

为了了解动作怎么帮助说话，我们得进入大脑。几个研究表明，在大脑中的语言区域和动作区域之间存在着神经链接。比如说当我们引用一个带有动作的词的时候，比如"拿"，这时语言区域会被激活，这是正常的。比较让人吃惊的是大脑的运动前皮层也会被激活，它是负责大脑中规划和组织各种动作的部分[2]。明确地说，如果您说出了"拿"这个词，也就激活了大脑中负责做出"拿"这个动作的区域，所以很自然会有做出动作的欲望。

由于相互作用的关系，做出动作也会对说话有帮助。神经科专家们要求一些人快速地说出一些表达某一动作的词，比如：拿、抓住、把握住……同时他们通过生物电刺激这些人大脑的某些区

1. 来源于 2010 年 3 月 Laurent A. et al. 发布于 *Enfance* 上的文章《言论、动作和主导语言：一个发展性研究》。
2. 同前一条。

域。结果：如果负责手的神经区域被刺激的话，这些人很快地说出这些与手相关的词（如果负责脚的神经区域被刺激，就会说出关于脚的词）。在这些实验中，手神经被生物电激活，这就相当于在现实生活中手做出动作激活神经一样。它们的原则是一样的：行为与语言之间的神经链接是带着手势说话的基础。对大脑的观察还给了我们更深层级的成果：动作与聆听一样有用。

首先要知道在大脑中有种特别的神经元，被称为"反射神经"。这些神经会因为自身活动而被激活，但也可以因为观察他人的活动而被激活。如果您看到他人不小心被锤子砸到了手指，您也一样会觉得痛，对吧？这就是因为这些反射神经被激活，于是让您感受到（一点）——您看到的被砸到手指的那人的感觉。同样地，如果您看到某一人在说话中带着很多手势，这也激活了您大脑中相对于这些手势的反射细胞。刚才解释的大脑中动作与语言的神经链接，它能帮助您跟上对方说的内容。

更为广泛地说，某些科学家认为动作与语言的关系源于最初人类的远古祖先是用手比划来沟通的。而语言属于后来的产物，所以才有了这两种不同形式的沟通方式之间的链接。但这仅仅是推断，我们不太清楚……

不管怎么说，带着手势说话不仅可以更好地表达，也有助于更好地被理解。如果这些意大利人这么做，也许是所谓的"拉丁情人"名声中的一部分，因为得会说话。弗理德里克·弗朗索瓦肯定不会否认这点。尤其是手势也会成为吸引工具，但这就是另外一个故事了。

21.

女人是不是比男人话痨?

关于女性，我们说过很多事儿了，这次我们要讲的是：比起男性来，她们的一大特点就是更"话多"。能够熟练掌握语言技巧，看起来还是个优点。但是当说到女性的时候，很奇怪的是，这马上就成贬义的了。

词典没有留下一点疑惑。人们说的是"长舌妇"而不是长舌汉。"闲话（commérage）"这个词源自"commère"；它与"compère（同事，同僚）"的来源是一致的（在宗教拉丁语中 commère 的意思是教母，如同 compère 的意思是教父一样），但人们从来不说"compèrage"，可见闲话被含蓄地认为是女性特征。

最后，既然这个话题有仇视女性的倾向，还是别忘记剧作家萨沙·吉缇（Sacha Guitry）的那句话，按照他的那句话理解总结了语言与女性的关系："女性有两副嘴唇：一副是为了撒谎，另外一副是为了求原谅。"

心理分析学家弗朗索瓦丝·多尔朵（Françoise Dolto）也将

性别与语言关联在一起。根据她的分析，女孩子说话比（男孩）较多，因为她们没有男性生殖器[1]。这个分析还是要认真对待的，因为它毕竟是来自这位心理分析学家（而不像那位剧作家萨沙·吉缇的，更多的是俏皮话）——会让人会心一笑，但是还是完全源于弗洛伊德理论的：阳具被认为是权力的象征，女孩没有这个权力，于是她们霸占了另外一个权力的象征——语言。我们对这种解释可以保留自己的看法，但是至少我们要确认的是女孩比男孩更爱说话。而这不是那么显而易见的。

男性与女性在语言上的差异已经有十多个研究课题。让人懊恼的是，这些研究的结果各式各样，得根据我们想谈什么来选。我们关心的是孩子们如何学习掌握语言？还是每天成人能说出多少字？还是讲话风格？每天在电话上耗费多少时间？哪个特定的研究人群？还是在哪个国家？等等，所以您应该明白不会有一个简单而唯一的答案。

先看看在实验室里面已经做过的实验吧。法国国家科学研究院(CNRS)的研究人员要求一些参与实验的男性和女性做一个实验：根据某一指定字母，想出他们能想到的最大数量的词[2]。在他们做这个实验的同时，研究员们来观察他们的大脑活动情况。观察结果是，同样的语言练习，男性的大脑神经元的活动要比女性的多很多。这倒是没有什么可炫耀的，如果男性会被迫思考得更多，

1. 弗朗索瓦丝·多尔朵访谈 CD Frémeaux et associés/France Inter.
2. 来源于 2009 年 2 月 Gauthier C.T. et al. 发布于 *Cortex* 上的文章《功能性磁共振成像研究：执行言语流畅性任务过程中的性别和绩效水平对大脑活动的影响》。

是因为他们遇到了更多的难题。在这个小练习中，女性更容易找到对应的词语，但这不表明在日常生活中女性就比男性更话痨。

如果我们离开实验室，到现实生活中来，问题就复杂了。一份基于 1300 人的研究结果显示，在日常是否能自如地应用语言问题上，男性和女性并没有差异[1]。即便是去观察大脑的活动情况，男女之间也是一样的：男性和女性大脑中负责语言活动的区域是同样的。即便是说男性和女性说话方式不同（这一点还需要证明），能确认的是在大脑神经元层面是没有差异的，而这个差异要从社会中寻找解答。

如果说在哪个地方人们闲谈最多，那肯定是在学校班级中了。语言学家德博拉·塔能 (Deborah Tannen) 在美国的中学中做了一个调查。结论是聊天纪录保持者属于男孩子。她解释说这是一种男性主导力的形式：能够通过闲谈做个有趣的人，这可以在班级里获得威望。

但是这个结论也不能普遍推广。得克萨斯州大学心理学研究员詹姆斯·佩内贝克 (James Pennebaker) 在一些主动参与的学生身上佩戴了麦克风，连续几天记录下他们的所有对话。他计算出的结果是女性每天平均要说出 16215 个词，而男性是 15669 个词。数量基本相当，女性和男性都没少闲聊！

如果是打电话的话，似乎是女性更爱闲聊。有的人称早已注意到这种现象，但这次是个科学见证：一项在法国进行的电话通

---

1. 来源于 2009 年 3 月 Wallentin M. 发布于 *Brain and Language* 上的文章《语言能力和语言大脑皮层的性别差异假定：批判性回顾》。

话调查表明女性在电话上的时间是男性的两倍[1]。

不仅要有数量还要有方式。据称女性的说话方式与男性也是不完全一样的。男性更多的是用语言来传递信息，而女性更多的是维持社会关系。女性难道比男性更会"说无意义的套话"？

不管是否能确认这个结果，但不能否认这种沟通方式。"说无意义的套话"有其重要的社会功能。与楼里门房的人担心天气变化，在咖啡机边聊昨天的足球比赛结果，或者跟一位女同事说她当天的裙子很漂亮，或是问问她孩子近况如何……这些都被语言学家们称为"应酬沟通"，被定义为"一种聊天方式，通过简单交换的词语建立的关系"。明确地说，说话不是为了传递信息。说话仅仅是为了说话，其作用是维持联络。这还真不是没用，正相反，非常有用。

再回到闲聊上吧，我们用日本语言学家溝上友纪(Yuki Mizokami)的结论来收尾。他阅读了所有有关男女表达差异方面的学术研究，他的结论是：我们必须总结出的结果——研究并概括男性和女性的语言差异是完全没有意义的。因为每个女性每个男性在不同的场合说话方式不同。[2]至少，这不是为了说话而说话。

---

1. 来源于 2000 年 3 月 Smoreda Z., Licoppe C. 发布于 *Social Psychology Quarterly* 上的文章《国内电话使用上的性别特异性》。
2. 来源于 2001 年 1 月 Mizokami Y. 发布于 *Multicultural Studies* 上的文章《女性语言真实存在吗？对社会语言学性别差异研究的批判评估》。

22.

老年女性（更年期后的女人）为我们带来了什么？

女士们，我请求你们的原谅。我不是针对那些老年人中的女性代表，更不是要复辟所谓北极因纽特人的传统，把老人送到冰山上去度过最后的时光。不是，我仅仅是要说那些过了更年期的女性、那些过了生育期的女性。我当然知道也承认很多女性过了更年期后依然英姿飒爽。但是从生物学上讲，我们还是可以提出疑问。如果我们从生物进化角度讲，"有用的"是那些具备可繁殖价值的，那么，一个不能再怀孕的女性还"有用"吗？

一位男性一生都具备生育能力，从生物学角度来讲成本不高，因为几滴精液的制造过程也不复杂。但是女性的生理结构就比较复杂了。于是如果超过一定年龄，女性们就不能再生育的话，这是可以理解的。因为风险更大了，不仅仅是对产妇也是对孩子。但这种情况下为什么女性还可以继续生活下去？因为如果雌性物种一旦不能生育就成了无用的负担（我还是从生物学、物种角度讲）。

这就是为什么大部分动物物种都没有更年期的原因。它们的寿命相当于它们的生育周期。动物的生存是只要能生育，能传递基因就继续存活，然后就死亡了。妇女的绝经期难道是没用的？变得粗壮，自我形象的恶化等，这些其实是无关紧要的？也许不是。如果绝经期真是累赘，我们就不明白为什么它会逃过自然选择而存留下来。正因为它的存在，所以生物学家们承认说这应该是具备功能性的。但是哪种功能呢？为了答复这个问题，我们需要了解其他的动物物种。

绝大多数的生物物种不具备绝经期，我们已经说了。但是如果再仔细找找，我们还是能找到几个特例。某些种类的猴子，某些种类的鲸鱼，甚至某些种类的昆虫是有绝经期的[1]。事实上，貌似没有简单的生物法则，有些有绝经期，有些没有，人们也不太知道什么……

尽管如此，生物学家们还是发现大部分照顾自己后代的雌性物种有绝经期，甚至活到了高龄。所以就产生了所谓"祖母"理论：度过绝经期的雌性还是"有用"的，因为它们会照料自己的后代。回到人类身上，我们几乎每天都可以在自己周边看到这一现实，这并不需要科学研究而知。但是这些现象也能在某些动物中观察到，比如大象和某些种类的鲸鱼，那些上了年纪的雌性几乎是母头领和群体的记忆。

但是祖母理论还是不能完全解释绝经期。它仅能解释那些对

---

1. 来源于 2010 年 Johnstone R.A., Cant M.A. 发布于 *Proceedings of the Royal Society* 上的文章《鲸类动物和人类的更年期演变：人口统计学的作用》。

年青一代有照顾的物种。但并非所有的动物都如此。有的动物物种仅仅是繁殖下一代，然后下一代自己去面对大自然：大部分的昆虫是这样的。而在其中却又存在着有些昆虫有绝经期……在这种情况下就要找到另外一种解释。

托马斯·图力（Thomas Tully）和艾莫里·朗贝尔(Amaury Lambert) 两位法国国家科学研究院(CNRS)研究员，研究了地上生存的小节肢动物——跳虫[1]。这个物种存在绝经期，但同时它们又不会照料后代。没有充满母爱的妈妈，更没有祖母。所以才会有这个假设：绝经期的作用是作为繁殖的"灵活性"。

为了明白这到底在说什么，我们可以拿一个民航飞机的模型来举例。假设这些飞机的商业运营预期是 20 年。再想象一下这些飞机就是按照这个商业运营周期来严格生产制造的，就是 20 年。但是因为这是个平均运营周期，也就是说有的飞机可能经过多年运营出问题了，比如 18 年。这就等于是一个商业损失，因为飞机的设计是 20 年。但如果飞机的制造过程是为了能延续飞行，比如 50 年，我们就希望其中最弱的能坚持最少 40 年。这样的话，在 20 年的商业运营期间，故障风险就会降低。

现在呢，将上段中的"飞机"换成雌性，"商业运营期"换成"繁殖能力"。如果女性的平均寿命是 50 年的话，其中不少不到 50 岁就离世了，也就是说她们还是在具备生育能力期间就离世

---

1. 来源于 2011 年 10 月 Tully T., Lambert A. 发布于 *Evolution* 上的文章《生育期后的生活演变作为抵御不确认性的保障》。

了，这对整个物种来讲是一个极大的损失。但如果女性能平均活到80岁的话，这就会相应地减少在生育期内的死亡风险。概括地说，平均寿命应该高于具备生育能力的时间段，这样来减少未来潜在母亲的死亡数量。这个理论与"祖母理论"不是不兼容，可以说是相应的补充。

无论如何，我们还是很高兴看到用科学来解释绝经期的用途。从社会角度来看，确实它经常被视为一种令人悲伤的必然，而且必须通过激素来 "治疗"，为的是能够应付当今社会对永远年轻的沉迷。当然了，当生育期终止后，女性不是"没用"了，她们继续为物种的延续作出贡献。

说到这儿，某些人早就知道这些了，比如著名的科西嘉岛歌手提诺·罗西(Tino Rossi)，他就唱道："生活从60岁才刚刚开始，当我们开始对生活有了更好的了解，特别是我们从心里就知道走到幸福的捷径。"如果您过于年轻而不了解提诺·罗西的话，不要去谷歌搜索，正好是个机会去问问您的祖母，她肯定会乐于做个对您有用的人。

23.

性瘾者的标准是什么？

我用"色鬼（Obsédé sexuel）"这个词，因为我说法语。但是我知道当今流行用词是"性瘾者（Sex addict）"。这个新词给人的印象不再是那些躲躲藏藏地钻进性用品商店的龌龊色魔，而是那些有魅力而又难以抵挡性诱惑的雄性受害者。特别是好莱坞的美国名人们，诸如影星迈克尔·道格拉斯(Michael Douglas)或者高尔夫明星泰格·伍兹(Tiger Woods)，都承认了他们的性瘾。但是还有另外一个区别：在过去"色鬼"被认为是不正常的，而"性瘾"则被称为一种可以治疗的病症，比如通过类似对酒精上瘾的人一样成立谈话交流小组来治疗。

但是，在治疗之前，得知道我们要说什么。这就复杂了。不是因为某人每天做爱三次或喜欢"三人行"就肯定他是个性方面的病人。所以怎么来定义"不正常"和"健康"性生活的界限呢？

世上有很多瘾症——烟瘾、毒瘾或者酒精上瘾，这些都是对身体有害的。从这里开始我们可以评估不同级别的风险。但是对于性生活来说，这并不成立，因为性生活是对健康有好处的。

我们也可以从正常谈起。正常次数，我们还是知道的。法国人平均每周发生两次性关系——在世界其他国家大概也是这个次数[1]。一般我们说"不正常"是针对平均值的偏差，这样一来不正常的人，数量就很多了。

有些人试图给出些数字。瑞典医生们通过对 2000 人的调查，建议定义那些最为活跃的 10% 为"纵欲者"[2]。在他们的抽样调查中，大概是属于每周超过 4 次性行为的人。别的研究也是基于同样原则，有的是定义每周超过 7 次性行为的，还有的定义为超过21 次的……简单地说这开始变得独断了。通过数量来评定性瘾根本没有意义，最好还是寻找其他衡量标准。

那么我们就以行为为基础。精神错乱已经被一本名为 DSM（*Diagnositics and Statistical of Mental Discorders*，《精神疾病诊断与统计手册》）的美国医疗手册所定义。DSM 手册会被经常地更新和修改。一直到 2000 年"性瘾"还作为病症被列入DSM 手册中，但是现在已经从手册中消失了。现今版本的医疗手册中涉及"瘾症"的只有一条笼统的定义，仅仅涉及某种物质。这个定义是通过一系列的行为规定的：如果您需要逐步增多的某种物质；或者您没有这种物质的时候会很痛苦；如果您不能终止

---

1. 来源于 2008 年 Bajos N., Bozon M. 发布于 *La Découverte* 上的文章《法国性问题调查》。
2. 来源于 2010 年 2 月 Kafka M.P. 发布于 *Archives of Sexual Behavior* 上的文章《纵欲障碍：为〈精神疾病诊断与统计手册（第五版）〉（DSM-V）提出的一个诊断》。

这种瘾；如果这种瘾症占用您很多时间导致您放弃许多重要的事情；如果您继续上瘾，明知这会有负面影响。

精神病医生们的看法不一。有的希望在新版 DSM 里增加一条专门关于性瘾的定义。有的认为目前对瘾症的广泛定义已经满足了对性依赖的描述。还有的人认为 DSM 是完全没用的，因为这是一本没有考虑到人的复杂性的目录。

其实，最重要的是病人的痛苦，而这又是个完全主观的定义，不涉及任何标准。有的人会因为每周一次的手淫而有罪恶感，而另一个人则无所谓——即便每半小时自慰一次。根据精神病医生让－贝努瓦·杜蒙泰（Jean-Benoit Dumonteix）的看法，如果我们仅仅局限于说句类似"我又吃了一顿，但我实际不饿了"的话，这对瘾症的分析走不了太远[1]。

我们知道的是性瘾症中——根据来专家诊室治疗的人统计99% 是男性（这也有点矛盾，因为在语言中还是有"慕男狂 / 花痴，nymphomane"，这个词专门是说女性性瘾的，虽然说男性构成了性瘾的主要群体）。类似其他瘾症，性瘾对那些上瘾的人也有有用的一面：短期缓解内心焦虑。但是性瘾的特别之处是，比较其他的瘾症，不能将性行为置于千里之外。那些对毒品或者酒精有依赖症的人可以坐上帆船外出航海或者是从电话联络人里删去卖毒品的人的号码。但性瘾总是存在的，尤其是有了互联网——有着成千上万种直接诱惑：色情电影、色情对话、潜在性伙伴的

---

1. 来源于 2012 年 Sandis F. 发布于 *Hors collection* 上的文章《性瘾者》。

小启示，或者陪伴女郎……轻而易举就会引起性冲动。

个人的痛苦同时也是社会标准的问题。在性解放的嬉皮士社团里，一天与多人发生性关系也不算不正常，也没人因此而痛苦。

因此我们有理由去思索树立性瘾这个概念，是不是在将科学这块遮羞布下的道德规范强加于人……永远不能忘记的是若干年前美国的DSM手册认为手淫和同性恋属于变态范围。而在今天这会引起愤慨。于是谁能告诉我们，今天我们认为是"性欲亢进"以及围绕它所产生的一系列问题，在若干年后不会被视为是完全荒谬的？某些专家特别指出在意识形态层面的影响，比如社会学家弗洛里昂·弗洛斯（Florian Voros）认为我们正在参与"一次思维逻辑上的疾病化转变，将色情领域的公众转变成病人，将'危险'的色情消费者转变为'病人'消费者[1]"。

能够证明道德规范在发生这种转变的，是我们更偏重于认为那些性生活"过于"频繁的人是"病人"，而不是那些基本没有性生活的人，比如神父、修女或者那些倡导"无性（no sex）"的人。在DSM手册中，涉及的是"性欲亢进"而不是"性欲减退"。打个比喻，如果前者是贪食，后者则是属于厌食（那些性欲亢进患者是没有办法进行正常性交的，因为对他们来讲这牵扯到过多的情感）。所以我们也可以将问题反过来问："多少次的性行为才会被认为是性欲正常的？"这也不是一个简单的问题。

有一个人还是找到了解决方法，他叫亨利·莫诺德（Henri

---

1. 来源于2009年Voros F. 发布于 *Sexologies* 上的文章《色情瘾的发明》。

Monod)。在 2004 年这个瑞士人要求做物理阉割，就是说他要求摘除睾丸，这样会"终止他的力比多（性欲）之浪潮"，然后，根据他的说法，重新"成为他命运的主人"。亨利·莫诺德曾经是职业军人，这个经历也应该与他偏好的这种激进解决方案不无关系。根据最新的消息，他似乎对此还相当满意。至少，他不再会有这方面的问题。

24.

为什么吊带丝袜很性感?

吊带丝袜、渔网袜、丁字裤、紧身衣……这些名词通常对一个异性恋取向、可以自我控制身体和精神的男性来讲，会增强其"性"趣，甚至会引起初期的勃起。您可以不喜欢，但是看看您周边就知道其他人还是有这个偏好的。

女性内衣似乎就应该是性感的，但是这不是那么显然。这是个时尚的问题还是说女性内衣会映射出一些普遍的东西？如果是的话，那么它会激活人类大脑中的哪些冲动呢？

我们可以认为吊带丝袜比外套更性感是因为它会暴露出女性更多的皮肤。如果说女性内衣的性感是因为露得更多的话，那如果什么都不穿岂不是更色情了？但是，事实真不是这样，穿内衣要比全裸更性感。

这就谈到了一条基本原则：不能全部展示。隐藏是一种制造缺憾的方式，而缺憾又可以引起欲望需求。能看到的，就可能有人说："哦，原来就这回事儿。"如果看不到，总会有人惦记："噢

161

耶！应该是妙极了。"

女性内衣可以被视为"屏幕"，同样也具有两面性。一则是用屏幕遮挡，二则是在屏幕上投影。两者是必不可缺的，因为一方面是遮挡自己，另外一方面是允许投影出他人[1]。

屏幕也有框架的功能。观看日常的风景，您不会特别在意。但如果同样的风景被镶嵌在一个框架里，您会说："这照片真漂亮！"这就是框架的神奇。而女性内衣正好是女性身体上的框架，勾画出不同的区域：腹部、腿、胸……

在某些文化中，女性更习惯于裸露上身，这实际并不被色情化。后来有人为女性发明了胸罩，这才开始引发男性的渴望。米歇尔·福柯 (Michel Foucault) 总结说：藏起来是为了更好地展示[2]。就好像是那些有关性的禁忌，它们存在的唯一理由就是显得更重要，于是会被反复涉及说起。

但光隐藏是不够的。一条肥大的棉内裤也是可以遮羞的，但是比起一条镂空蕾丝的丁字裤就不那么性感了。还是需要布料与皮肤之间遮遮挡挡的游戏。女性内衣带来了更多的可能，走得越来越远。镂空蕾丝，带着它的卷边，增加了皮肤与布料之间的边界长度。罗兰·巴特 (Rolland Barthe) 将这遮挡和展示的游戏与星星的光亮做比较：实际有间隙性才有情色，就是皮肤在两块布料之间的闪烁。[3]

---

1. 来源于 Bonnet G. 所著《对节操的挑战》，Albin Michel 出版社，2003 年。
2. 来源于 Foucault M. 所著《性的历史 I》，Gallimard 出版社，1976 年。
3. 来源于 Barthes R. 所著《文字的乐趣》，Seuil 出版社，1982 年。

女性内衣也不是没有风险的。如果人们对它赋予极大的重要性，必将导致恋物癖。由被内衣刺激而开始，然后是没内衣就不能有性趣，最后阶段就是索性只能靠内衣来自我刺激了。这简直是本末倒置了，形式大于内容。

但如果说隐藏是挑逗刺激，那么是否应该以情色为名，鼓励穿将全身裹起来的长袍呢？如果说颈部偶尔露出一部分，或者大腿叛逆性地冲出长袍的话，这被认为有情色意味，还是能理解的……但想象在性用品商店里卖长袍作为性爱用品，这还是有点距离的。隐藏可以，但是要留出一部分想象的空间。禁忌必须是要有一定的灵活性，允许有被打破的可能。如果仅留下了隐藏，这游戏就没法玩了。不可能看到一根胸罩的背带或者渔网丝袜的蕾丝会从裹得严严实实的长衣大袖下冒出来，这样也就没有了罗兰·巴特所说的闪烁的空间。

这正好与从裤腰间冒出的丁字裤边缘所构成的巅峰状态下的情色暧昧相反。因为丁字裤不仅是与皮肤玩你露我藏的游戏，它也在跟裤子玩着同样的游戏！而这种叠加的你露我藏的游戏与曾经的镂空蕾丝有着同样的吸引力。

25.

长得高就能当头儿吗?

小个子的国家首脑，我们大家都知道几个（我说的是厘米，如果谈政绩则是另外一回事儿）。不按顺序排列，我们可以说出：尼古拉·萨科齐（Nicolas Sarkozy）（1.68 米）、拿破仑·波拿巴（Napoleon Bonaparte）(1.68 米)、约瑟夫·斯大林(Joseph Staline)(1.65 米) 或者马哈茂德·艾哈迈迪 - 内贾德（Mahmoud Ahmadi-Nejad)(1.58 米)。小个头绝对不是执政的阻碍。我们甚至可以说正相反，身高、残疾可以是夺取权力的心理发动机。

但尽管如此，普遍地说，这个社会还是偏爱高个子。几个调查反映出这点，特别是尼古拉斯·赫尔宾 (Nicolas Herpin)[1]，法国保健和医学研究所研究员所做的调查。他展示说，比如白领的平均身高就要高于工人。在 2001 年，男性企业员工或者自由职业者的平均身高是 1.77 米，而男性工人的平均身高是 1.74 米。同

---

1. 来源于 2005 年 Herpin N. 发布于 *Economics and Human Biology* 上的文章《2001 年法国的爱情、事业与身高》。

样的差异也在女性中存在，女性公司职员 1.63 米，女性工人是 1.61 米。在其他国家进行的研究也确认了这一点。那么，这怎么解释呢？

在社会学领域要学会解开众多的参数，然后从中挑出最有决定性的。我们可以想象的是小个子因为其身高被歧视了。社会学家说：不是，真不是这样的。如果真是这样的话，小个子应该比高个子的失业率高——这也不是事实。做同一工作，大个子的薪酬也不是比小个子更高。既然如此，那么不平等是从哪里来的？

经过对各种可能性解释的分析，尼古拉斯·赫尔宾总结出下列结论：如果是同样的资质，大个子会比小个子有更多的机会获得提升。即便大个子没有接受过高等教育，大个子还是比小个子或中等身材的有更多机会获得更好的工作。在工人的子女中，同样的逻辑也被观察到。工人子女中，小个子的工人子女成为工人的"风险"是大个子的两倍。工人子女外加小个子，这可以说是双重惩罚了。

需要说明的是，这种身高对职业生涯的影响在私营企业中更为常见，在公职单位这种身高差异的影响相对少见，因为岗位人员是通过匿名的公务员考试录取的，或者提升的竞争力度不大。

但是为什么一个身材高大的人比小个子更容易获得提升呢？肯定是因为人们觉得他更容易让他手下的人听话。再者说，一家企业，出于企业形象的考虑，也更愿意让一个身材高大的人来代表它。

身材差异的影响从学校就开始了。我们注意到小个子的孩子比其他孩子更早地离开学校体系[1]。这就是一个恶性循环：他们有更多"风险"从事一份体力职业，更多使用自己肌肉的力量去劳作会减缓他们的生长……如果孩子已经个头不大，肯定不会因为体力劳动而长高。

职业生涯的烦恼还不够，小个子的男性在爱情方面运气也不好。无论他们是哪个社会阶层，他们与伴侣共同生活的比例也低于高个子[2]。我们甚至可以说这是因为女性注重身高，这是大家都知道的。但是尼古拉斯·赫尔宾经过一个更细致的分析后认为女性喜欢高个子，不是因为个子高显得帅，而是因为她们潜意识地"提前预料到自己丈夫的职业上的成功"。总结一下，就是女性可能不言明地认为小个子男性未来事业成功的机会比较少。

还有一点要说，小个子男性找伴侣会有更多的困难，因为社会上的成见要求在一对伴侣中，男性的个头要高过女性。小个子肯定要花比大个子更多的时间来找到适合自己身高的女性作为伴侣。

但是身高也存在于大脑里。澳大利亚的一位心理学家做了一个试验[3]也证明了这点。他邀请同一位男性到他的课上，要么把这位男性介绍为听课的学生，要么介绍为一位著名教授。然后他要求学生们来描述这位男性，特别是对他身高的判断。结果呢？嘿，

---

1. 来源于 2011 年 4 月 Cinnirella F. 发布于 *Economics and Human Biology* 上的文章《为什么身高对受教育程度很重要？以德国儿童为例》。
2. 同前一条。
3. 来源于 1968 年 1 月 Wilson P.R. 发布于 *The Journal of Social Psychology* 上的文章《在学术地位的作用下，对身高造成的感知扭曲》。

这同一位男性，如果是被介绍为教授的话，他的身高比介绍成学生的时候要高出 5 厘米。一个处于较高社会地位的男性看来必须是比较高大的。这个成见强大到了改变日常认知！

感官的扭曲还可以走得更远：有权力，就感觉自己更为高大。美国康奈尔大学的行为学专家杰克·A.康卡洛 (Jack A.Goncalo) 请来一些人到他的实验室[1]。他先测量了他们的身高，然后他给这些人发了一些测试题，说是来测试一下他们作为领导人的能力如何。然后他告诉这些人，测试结束后，他们必须被指定扮演公司领导人或职员。在第二阶段，他要求测试对象们自己写下身高。那些被指定扮演职员的人写出的身高与实际相符。但是那些被指定扮演公司高管的人则修改了自己的身高，比他们自己现实中的要高！

身高的社会地位还是挺让人沮丧的。我们的祖先在大草原上生存时，身高确实有助于他们在恶劣的环境里存活下来。但是在当今的社会，身高能有什么用呢？虽然可以将企业认为是原始森林，人们必须打拼才能生存，但很少动拳吧。所以真的是要与这个"远古猁猁级"的残留观念说再见了，它在潜意识中仅仅因为一人的身高，就主观赋予了一些所谓优点。这真是很愚蠢，蠢得就像是认为一个团队的负责人必须是一个粗暴、体毛多而且一口长牙的人一样。

---

1. 来源于 2011 年 1 月 Duguid M.M. 发布于 *Psychological Science* 上的文章《阔绰地生活：有权势者高估了他们自己的身高》。

26.

人类有发情期吗?

人都知道女人是可以随时做爱的。当然也不是一做一整天。但是无论在何时，至少，她是可以做到的。我们也习惯了，在我们看来也正常。但是这在动物界是一个特例。

对于别的动物，性关系只能发生在某个时间段，这从科学角度讲叫"发情期"。母猫的表现是最为明显的，发情期的时候它会发出撕心裂肺的叫声来呼唤公猫。

现在已经无法了解是否女性的祖先也会发出这样的叫声。生物学家们认为当时她们也还是有个发情期的，有点类似雌性的黑猩猩或者狒狒。后者在最佳受精期前两三天会出现性器官肿胀的现象，好像是要对雄性说："快来吧，现在是最好的时候。"（倭黑猩猩是个特例：母猩猩基本总是在发情状态，为了促进个体间的关系或者释放焦虑，它们每天都在发生"社会"性交。）

所以，女性的祖先们应该有发情期，然后在人类演变过程中，出现了一次革命。在某一时间，我们不知道是什么时候，女性就失去了发情期。从那时起，男人和女人就能在一年内随时交配了。

好吧，但是真的能确认女性没有发情期了吗？一大批科学研究表明，与人们所想的正相反，发情期并没有完全从女性身上消失。它固然变得更微妙，但是还是可以观察到的，当然要仔细观察才可以。

发情期伴随着排卵期，也就是女性最容易受孕的时候。这大概是在月经过后第十四天。在这期间，女士们和少女们会潜意识地改变自己的行为，变得更有性吸引力。这从生物学角度讲是很符合逻辑的：女性们在最容易受孕期间寻找并吸引潜在的繁殖者。

这个现象已经被很多研究所证实。在排卵期，女性们有穿得比较性感的趋势，衣服会更短且更贴身。她们的声音有些变化。有研究人员记录了一些女性在不同周期的声音，然后播放给男性听来评价哪位女性应该处于排卵期[1,2]。

在排卵期，女性的走路方式也会更性感。社会心理学家曾经拍摄几位女性在日常生活中的不同状况[3]。他们因此发现在排卵期女性更偏向于走在男性的前面而不是在他们后面，并且比较其他的周期，她们的步伐会变得更慢且更为摇摆。

在美国，其他的研究人员曾经要求脱衣舞女记录下每天晚上

1. 来源于 2011 年 Kiesner J. 发布于 *Psychoneuroendocrinology* 上的文章《一位女性的低潮是另一位女性的高潮：月经期的反常效应》。
2. 来源于 2008 年 Pipitone R.N., Gallup G.G. 发布于 *Evolution and Human Behavior* 上的文章《女性声音的吸引力根据月经期而变化》。
3. 来源于 2012 年 Guéguen N. 发布于 *Gait & Posture* 上的文章《步态和月经周期：排卵期的女性使用更性感步态缓缓行走在男子前面》。

收到的小费，而这持续了几个月[1]。经过研究发现，当这些脱衣舞女处于排卵期时，她们收到的小费几乎是在月经期的两倍（排卵期 5 个小时的工作，收到 335 美元的小费，月经期 185 美元）。这也说明，在最容易受孕期间，她们潜意识地变得更为迷人。

吸引男性是一回事儿，但目标当然是优化繁殖概率，因此女性也有必要在此期间有更强的力比多（性欲）。为了印证这个假设，研究者们给一些女性播放色情图片，同时测量她们的瞳孔直径。事实是在排卵期，女性的瞳孔直径会比在每月的其他周期更大[2]，这也是受到刺激的证明。

但这不等于说她们要接受迎面过来的第一个男性。在一次实验中，研究员们给女性调查对象展示了很多男性的照片，并要求她们做出偏好的评估。研究员们发现女性的口味是根据生理周期而改变的。在排卵期，女性更偏向于那些能表露出主导性的面孔[3]。然而在剩余的时间，她们更喜欢特征更为柔和的面孔。对此的解释是：在受孕期的巅峰时刻女性们会潜意识地去找一个能有"好基因"的繁殖者，所以那些具有很男性化的特征的面孔就很容易在这一时间受到欢迎。等到生理周期的其他时间，女性们更多的是希望找一个能长时间支持她的男性，也就是因为这个，这

1. 来源于 2007 年 6 月 Miller G. et al. 发布于 *Evolution and Human Behavior* 上的文章《排卵周期对脱衣舞女小费收入的影响：人类发情期的经济证据？》。
2. 来源于 2008 年 Mass R. et al. 发布于 *Hormonesand Behavior* 上的文章《为什么我们还没灭绝：在月经周期女性对视觉性刺激的模拟反应的变化》。
3. 来源于 2008 年 Little A.C. et al. 发布于 *Personality and Individual Differences* 上的文章《对真实男性面孔中的男性特征的偏爱在月经周期发生了改变：处于受孕期的女性喜欢更具男性特征的面孔》。

时候带着柔情、给人安全感的面孔更会获得她们的青睐。

所以这就说明女性还是有发情期的。如果您没注意到，这也很正常，看看那些变化——嗓音、走路姿势等，都是很微妙的。还要补充的一点是，如果女性吃避孕药的话，这些变化都是不存在的。

如果您在办公室工作，周边有很多女性的话，您也不要期待她们会同时发生"变化"。确实有传说说那些生活在一起的女性会同步她们的月经期，这也是1971年在美国大学里做的调查结果。但是随后的若干调查研究都没能确认这一结论[1]。女性的月经期同步化也就成为神话，但因这是一段美好的故事，所以一直在流传。

还有在流传的事儿，就是月经期的坏名声。人们会经常说到女性在这期间的坏脾气。这一偏于悲伤或者烦躁的趋势也确实在一些女性的身上得以确认[2]——但不是所有的女性。因为女性在其他时间会更性感，这也就抵消了这些坏名声。也确实不要忘记激素也有好的一面！

至于男性，在潜意识下，是否对女性的发情期比较敏感，这点还需要确认。如果他们不敏感的话，这倒是至少有一点优势：不需要等到"合适"的时期去与自己的女人做爱。

---

1. 来源于2006年4月 Yang Z., Schank J.C. 发布于 *Human Nature* 上的文章《女性不会同步她们的月经期》。
2. 来源于2008年 Gangestad S.W., Thornhill R. 发布于 *Proceedings of the Royal Society* 上的文章《人类发情期》。

27.

哪些因素影响了自杀倾向的产生?

感觉上说，阴沉的冬日应该比阳光明媚的春天更会让人有自杀的想法，这似乎比较符合逻辑。然而，大多数的研究显示在春天的自杀事件要高于冬季。这倒还不是经过 100% 验证的结果（因为有些研究不能确认这点），但是在众多国家中，在春季发生的自杀事件是一年中最多的，在南半球正好相反，越是接近四季气候变化不大的热带地区自杀数量越少。奇怪吧？

准确地说，在春季的时候自杀事件的数量逐步上升，然后从夏季开始减少，然后秋季略微回升，到了冬季就重新下降。一般来说，在四五月的自杀数量比在十一月要高出 20%[1, 2]。

之所以让人吃惊还有另外一个因素。自然死亡的数量在冬季比较高，这倒是很符合逻辑性，因为冬季的气候比较严峻，所以

1. 来源于 2010 年 Cohidon C. et al. 发布于 *Revued'épidémiologie et de santé publique* 上的文章《法国的自杀与职业活动》。
2. 来源于 2008 年 Carbonell-Camós E. 发布于 *Santé mentale au Québec* 上的文章《自杀的时间因素》。

那些已经很虚弱的人未必能扛得住。所以与之相比，自杀的数量分布与自然死亡的数量曲线是不相符的。

春季自杀高峰期是否可以通过激素分泌变化来解释呢？目前没有证据可以证明。另外春天的光线其实真是好东西，因为它会使人活跃，改变人的心情（如果说在北欧国家自杀率比较高的话，这也许应归罪于在这些国家光线不足的问题）。

事实上，社会学家偏向于通过社会关系来解释春季自杀率高的问题。阳光明媚的日子来了，人们重新开始外出，到咖啡厅喝一杯，进行周末户外活动或者手搭手、肩并肩地去散步，更不用说从箱子底拿出的裙子又像鲜花一样开放了……这时，如果我们是独身一人的话，有足够的理由感到更加悲伤。是的，但是如果真是这样，那为什么抑郁的人不在七八月自杀呢？要知道这两个月人们都外出休假了，也没人。难道是因为他们都在春季自杀了，所以到夏季没人了？没人知道。

另外的问题：假设是别人的幸福秀将抑郁症患者在春天里推向自杀，那在圣诞节期间，家庭团聚幸福美满的时刻，我们也应该看到同样高的自杀数量。事实是，在年底节假日期间，自杀的人数并不多，或许因为抑郁症患者身边有家人陪伴吧……

还是根据这个别人的幸福加速了自己抑郁的假设，周六的晚上也应该有更多的人自杀，因为大家都趁周六晚上过个小节日……令人吃惊的是，调查结果是周一自杀的人更多些。我们可以推断说是"周日晚沮丧症"的延续，但这也不是那么准确：有几份调查显示周三[1, 2]也是自杀高峰期，而商贩们多数是在周二自杀，因为在法国这也是店铺每周开门的日子。

　　阳光本身对自杀的影响还是很神秘的。希腊的一位研究员弗里奥斯·帕帕都普洛斯(Folios Papadopoulos)将自杀率与日照时间准确地关联上了，他发现了一个错位时间差：每一段阳光明媚的日子之后的几天内会出现自杀数量上升的趋势。对这一观察结果，他解释说：阳光可以让人更为活跃，而正是这点才会将抑郁者推向自杀。换个说法，就是平时您已经忧郁到没有足够的力气去想自杀，而经过几天的日晒，阳光给您足够的能量，于是您就自杀了。

　　我们不缺各种假设，但是到最后我们还是不知道为什么选择在春天自杀的人最多。从阳光到其他解释原因有多种。事实上自杀行为是一种非常复杂的现象，其中会涉及十多种因素。有一个因素是已经得到证明的，就是性别因素：每年在法国统计的自杀人数是一万人左右，其中三分之二是男性(但女性有很多是自杀未果)。

　　另外一个不是很明显的参数是海拔。在美国，研究人员分析了发生在 2584 个县里 20 年的自杀统计数据[3]。分析结果显示，在海拔高的地区自杀率比较高。我们不能说是因为这些地区远离人

1. 来源于 2010 年 Kposowa A.J., D'Auria S. 发布于 *Social Psychiatry & Psychiatric Epidemiology* 上的文章《美国自杀与时间因素的关联，2000—2004》。

2. 来源于 2005 年 8 月 Papadopoulos F.C. et al. 发布于 *Journal of Affective Disorders* 上的文章《探索在引发自杀的因素中阳光的滞后效应和持续效应》。

3. 来源于 2011 年 1 月 Brenner B. et al. 发布于 *High Altitude Medicine and Biology* 上的文章《在美国 2584 个县内的海拔高度与自杀之间的正相关关系》。

烟而造成这个结果（也有很多平原地区位置偏远，但自杀率要低于山区），于是科学家们认为高海拔地区缺氧也有可能是自杀的原因之一。

自杀现象还有一个特点，就是后果传染性：当一位名人自杀了，这个事件也会引发他人自杀。这就是社会学家们说的"维特影响"。它来自歌德的《少年维特之烦恼》一书，在这部书中，主人公最后选择了自杀。在 1774 年公开出版时，这部书在德国人群中引发了大量自杀行为。有些社会学家试图了解在法国当今是否会有"维特影响"[1]。他们研究的方向是观察在一位知名人士自杀后，自杀行为是否会增加。

最后他们在四个案例上发现了维特影响。1993 年法国前总理皮埃尔·贝雷格瓦（Pierre Bérégovoy）和 1994 年流行歌手科特·柯本 (Kurt Cobain) 自杀后，自杀案例随后平均增加了17%。具体是，皮埃尔·贝雷格瓦自杀后的一个月，大概比平常多出了 187 起自杀事件。（如果前总理知道他的死会导致这么多人自杀，他会犹豫吗？）当流行女歌手达丽达 (Dalida) 和阳光修女 (Soeur Sourire，曾经在 1963 年因一首流行歌曲而出名，歌曲名叫《多米尼克》) 自杀时，也观察到了自杀数量的增加，但数量不多。等到诗人歌手尼诺·费雷 (Nino Ferrer) 或是哲学家吉尔德鲁兹自杀时，那些抑郁症者根本没有理睬。

---

1. 来源于 2011 年 3 月 Queinec R. et al. 发布于 *Psychological Medicine* 上的文章《名人自杀事件的模仿效应：根据法国国家死亡登记情况得出的结果》。

最后我们再看看这些名人自杀的时间吧，皮埃尔·贝雷格瓦于5月1日自杀，流行歌手科特·柯本是4月5日，达丽达是5月3日，而阳光修女是3月29日。全是在春天……

28.

为什么青少年会容易坠入爱河？

青少年时，您是那么容易地就爱上一个人，还记得吗？只需要一个眼神、一丝头发，然后您就晚上睡不着了。周末您不耐烦地盼望着周一。寒暑假期，只要想到这么长时间见不到您喜欢的人就会感到痛苦。而几个月后，您又会对另外一个女孩或男孩表现出同样的情感。

随着时间推移，这种恋爱中的状态会越来越少。当然，您也曾有过爱情故事，您也曾经爱过，甚至深爱过，但再也不像在15岁的时候那样了。这肯定不是放之四海而皆准的，同时也有人是在成年期才坠入爱河的，据说还有的伴侣相爱一生……但需要认可的是，一般来说，这种恋爱中的状态在青少年时期是比较频繁的。这真是令人遗憾啊，所以至少得解释一下为什么，来安慰一下曾经年轻的自己。

是不是因为化学因素？在青少年时期，身体里充满了各种激素：男孩子有睾甾酮，女孩子有雌激素……另外，当人们处于恋爱中，整个大脑也被搅乱了。不同的物质干预进来，比如催产素（Ocytocine）会产生对他人的依恋感和能带来快乐的多巴胺[1,2]。那么是否可以通过激素的增量来解释青少年时期的激情四射呢？不能，因为爱恋的感情不能被缩减成体内多分子鸡尾酒的结果。至少，如果真的是可以把恋爱状态与分子能关联起来的话，那些化学家早就该发现化学方程式然后制成小瓶药剂出售了。

进入恋爱状态也是一个社会行为，对于情感专家弗朗西斯科·阿尔贝洛尼(Francesco Alberoni)来说，之所以在青少年时期我们经常会坠入爱河，是因为在这个时期，"我们不断地探索尝试可能的边界[3]"。我们离开孩童期进入成人的世界，每一个时刻都是一个小的转变，而一见钟情也是其中的一种。但如果是成人坠入爱河的话，我们却会说他们简直"像个孩子"，恋爱中的状态在成人社会中是不太会被接受的，因为这是对社会秩序的一个干扰源。

我们也可以在弗洛伊德理论里找到解释。对于心理分析师来讲，第一个爱恋的目标往往是父母其中之一。在3岁到5岁（大概是这个阶段），小女孩爱上她父亲，小男孩爱上他母亲。这就是著名的弗洛伊德理论中的"俄狄浦斯情结"。然后，还是依据弗式理论，"俄狄浦斯情结"会在进入青春期后再次凸显。性欲不

1. 来源于2012年De Boer A. et al.发布于 Neuroscience 上的文章《爱情不仅是一个吻：从神经生物学角度对爱情和情意的展望》。
2. 来源于Zeki S. 所著《爱情的神经生物学》，FEBS Letters 出版社，2007年。
3. 来源于Alberoni F. 所著《爱恋的撞击》，Ramsay 出版社，1981年。

再属于幻想范畴而是开始转变为现实。这样小男孩会对自己说（当然是潜意识中）他终于可以爱恋他妈妈了，同样小女孩也这样想着她的父亲。当然现实中青少年所爱恋的人与父亲母亲并不相像。但这不是说真实的父母，当然不是。小时候幻想的是理想化的父亲或者母亲，然后将他们某一生理或者精神特征移植到另外一个人身上。无论怎么说，在青少年时代的爱情故事有着与"俄狄浦斯情结"一样的流程[1]。明确地说，我们在青少年时代坠入爱河，这是因为在这个时间段，我们的思维还是孩童模式……但是现实和幻想，这就是两个了。从这里开始产生幻灭感。我们最终会明白俄狄浦斯幻想是炒作。然后随着时间推移，从一个幻想破灭到另一个幻想破灭，最终我们就越来越不容易爱上谁。

当然也还有我们爱上一人就是因为他或她本人。这是我们比较"现实"的一面。但是"爱恋中人"的意思是说在这期间我们对他人产生幻想，赋予他人一些或许他们不具备的品质。司汤达发明了一个词来描述这种在恋爱初期对爱恋之人的理想化的状态："结晶化"。这个想法是当他在一个盐矿中看到一根被丢弃的树枝时产生的。这根丢弃的树枝如果两三个月后再被捡走的话，树枝上会被覆盖上一层明亮的水晶盐。同样的道理，被爱的人肯定是有着上千种优良品质，"我所说的结晶化，是精神层面的行动，它能从被爱的人所代表的一切中发现他或她所具备的新的完美。"

---

1. 来源于 1987 年 Hazan C., Shaver P. 发布于 *Journal of Personality and Social Psychology* 第 52 期上的文章《浪漫爱情是个概念化的依赖过程》。

（节选于《关于爱情》）我们将对方完美化，是因为我们对对方有着幻想……然后我们会意识到这不是我们曾经想象的。随着年岁渐增，幻想越来越少。"结晶化"也被插上铅的翅膀，不再飞翔，而爱恋的人，大脑进了铅。

人们常说青少年不够成熟来面对很多事情。这也是所谓"十八岁成人"概念所传递的。在这个时期的大脑中，理智还没站好位置。也可以说是正因为如此，青少年才会经常坠入爱河：因为还不太理智，可问题是想恋爱就不能太理智了。

29.

从个人到群体，究竟是好是坏？

当我们用"群伙"这个词来指定一组人的时候，很少是用于正面的。过去有过"波诺群伙""巴阿德群伙"。当我们说到"年轻人群伙"时，这肯定不是指那些有点天真的基督童子军。最后还不能忘记著名的"一群蠢货"。

但经常会听到一个说法，说一群蠢货中的一个人，如果将他从这群人里隔离出来，他就不那么蠢。莫非是群体容易让人变傻？是不是要赞同让－雅克·卢梭（Jean-Jacques Rousseau）的哲学思想，就是人出生时是"好"的，是社会腐蚀了他？不是那么简单。比如说，卢梭也认可，道德也是源自社会。那么社会心理学又会说什么呢？

好吧，在群体里其实有好也有坏。比如说群体会有助于公民行为的形成：在等红绿灯时的行人，如果看到别人也等红灯的话，他们也会等，而如果只有他们自己时，他们就会忽略红灯走过街道[1]。同样，别的研究发现，在公共厕所里，如果有很多人方便后

1. 来源于 Rosenbloom T. 发布于 *Transportation Research* 第九卷的《穿过红灯路口：个体与群体的行为表现》。

洗手的话，一般大家都会趋向于等着去洗手，而当在厕所里独自一人时，往往不会去洗手[1]。这是不是说明我们在群体中会表现得更好点？不是，这真不一定。

在另外一个实验里，有些广告宣传单被摆放在街上。街边的墙上有严令禁止在墙上涂鸦的标识。结果呢？如果墙上有涂鸦的话（尽管有禁止的标识），人们便会将广告宣传单丢在地上，数量是在白墙上涂鸦时的两倍。看到别人将某个地方弄脏，这也促使自己也去弄脏。这是说，群体敦促去做跟别人一样的事儿：要遵守大家都遵守，或者要不遵守大家也一起不遵守。群体会产生社会学家所说的"规范性压力"。

这种盲从或者是循规蹈矩并不是只有坏的结果。我们的下一个例子[2]就可以说明。在一条路边上，找个人扮演车出故障后在路边求助的司机。您可以数一数有多少司机会停下来帮他。然后再设置另外一个基本相同的场景，就是在距离这个司机的前 500 米处再增加一组人，包括一个求助的司机和一个帮他弄车的人。结果是：在这种场景下会多出一半的人停下来帮助原处的司机。看到有人在帮助他人，会敦促他去做同样的事情，这叫"利他模仿"。

正相反的是，他人的消极也会敦促消极。还有一个实验：研究人员商业中心的电梯里在涂鸦。结果是电梯里的人越多，指责涂鸦的人越少。就是如果没人反应，那就没人反应了！这种行为

---

1. 来源于 Bègue L. 所著《善与恶的心理学》，Odile Jacob 出版社，2011 年。
2. 同前一条。

可以在多种场合及所有年龄的人群中观察到。将一些9到11岁的小朋友带到一间屋子里，然后在旁边一间屋子里让一个小朋友喊疼，结果是：屋里小朋友越多，越是不会有人做出反应。

事实上，这个现象已经在社会学上研究得比较彻底了，就是"群体中的责任稀释"。我没做出反应，但是"别人"也没反应，所以我就觉得没那么有罪了。当"别人"恰好代表了权力(autorité)的话就更糟糕了。这就要我们说一下由心理学家斯坦利·米尔格拉姆(Stanley Milgram)在20世纪60年代做的著名实验了(后来在2010年，法国电视2台也在这个基础上做出了《死亡游戏》这个节目)。斯坦利·米尔格拉姆希望弄明白那些作为一家之主的父亲是怎么变成纳粹的施刑者的。

实验的原则是这样的[1]。让一些人相信他们正在参与一个实验，在实验过程中要根据实验的其他参与者对问题的答案正确与否给对方施加一些生物电。就是这样，一些完全"正常"的人表现出他们有权力去电击他的同类，如果是一位代表着权力的人(科学家或者制片人)要求他们这样做的话。在参加这次实验的人中，最容易成为施刑者的是那些平时"最有良心""最亲切"的人。与之相反，那些拒绝对同类电击的人是平时被称为"叛逆者"的人(习惯参加各种罢工游行等的人)。这个结论无论怎么说还是有些令人诧异，那些不太想让他人痛苦的人恰恰是那些被好公民认为"不合群反社会"的人。

---

1. 来源于Milgram S. 所著《服从于权力》，Calmann-Lévy 出版社，1994年。

如果说在"群伙"里混会容易产生不太道德的行为，有个"群伙头目"则更为危险。但是群伙达到多少人会让我们开始担心呢？

　　下面的实验[1]可以让我们了解一下。我们向调查对象们提出一个简单问题。正常情况下，人人都会答对。但那些与研究人员沟通好的人给出了一个错误的答复，而这就改变了一切。如果一个人给出了错误答复，调查对象中有3.6%的人也一样错。如果两个人给出错误答案，13.6%的人答复也错。等到三个人给出错误答案时，这导致31.8%的人答错。但超过三人后，变化不大了，错误答案的比例停留在37%。

　　总结一下，场景是这样的：想象一下，您单独一人的话，答案是正确的。如果别人想的不一样，给出的答案也不同，您开始琢磨是否他们掌握的信息是您没有的，所以您会跟着他们的错误走。两人对您的影响大于一个人，而三个人的影响力还要比两个人大。但是超过三个人就没有更多的区别了。就好像是这个群体达到了它的"滋扰能力"的峰值。三人加上您，总共四人。

　　这又得说游吟歌手乔治·布拉森斯（Georges Brassens）有先见之明，因为他唱道："只要我们超过四人，我们就是群蠢货。"无论如何，在群体中的行为与我们独处的行为是不同的。那么著名的叛逆歌手何诺（Renaud）不是忽悠我们吗？他唱的是："我自己是一群蠢货，我只属于我。"难道是歌曲中的主人公确实蠢得是常人的四倍吗？这也不是不可能。

---

1. 来源于 Milgram S. 所著《服从于权力》，Calmann-Lévy 出版社，1994 年。

30.

临死前，过去的人生会在眼前闪过吗？

在那部克劳德·索岱导演的《生活琐事》（*Les choses de la vie*）电影的开始，米歇尔·皮科利（Michel Piccoli）就被卷进一场车祸。在车辆相撞的同时，他生活中曾经有过的重要阶段在他眼前流过。这是电影，但人们也经常听说人在临死的时候会看到自己的一生从眼前流过。在那些真的死去的人里，没人能确认这个说法的真实性。但是有些人曾经极度靠近死亡，他们可以讲述经历过的事情。

有些人很有运气，他们从几十米的山上掉了下来还能存活。还有些人——曾经经历过心脏骤停，然后又重新活了过来。这就是我们常说的"濒死体验"，用英语说是"near death experience（NDE）"。

这个议题可以很快地滑向神秘主义或者宗教领域的讨论，但在这里，那些很显然不是我们要说的。不是，根本不是，我们说的是严肃的科学研究。这点得仔细说明了，看看研究成果吧。某些医学调查报道说那些从心脏骤停救过来的人中，有9%～23%有过"濒死体验"。而这些人不见得都有着坚固不可摧的宗教信仰[1]。

所以，确实这些人有时会说起他们看到自己曾经的生活在眼前流过。"就好像是所有一切同时来了……就像是眼前有一个巨大的屏幕……我可以看到所有的一切，而且是同时看到[2]。"另外一个经历过濒死体验的人说："我可以从我的角度看到这一切，但是我也能知道参与到这些生活事件中的每个人的想法……我可以用其他人的眼光来看这一切发生的事情……我也同时在发生的所有事情的现场[3]。"

除了怀疑这些讲述是来自些超级骗子，他们不满足于曾经濒临死亡，非要将自己的经历编排得更为有意思之外，我们可以从原则上认为是可信的，因为有过众多对这种经历的描述。那么，怎么能解释这些过去的场景在人临死前会突然再现于眼前呢？

几种理论都试图予以解释，其中一种是说过去生活中的某些阶段是带着很强的情感的，而重新体验另外一种极其强烈的情感（类似濒临死亡）可能会通过某种情感的自动机制重新激活那些被沉埋的情感。

也有另外一种解释，更偏向心理学角度。即在临死的时候，人们都试图寻找那些过去生活中能让自己更有荣耀的时刻。有点

1. 来源于 2009 年 Beauregard M. et al. 发布于 *Resuscitation* 上的文章《在冥想状态中濒临死亡经历者的大脑活动》。
2. 来源于 2003 年 3 月 Beck T.E. et al. 发布于 *Journal of Near Death Studies* 上的文章《濒死状态下产生生命回顾的量子生物力学基础》。
3. 来源于 2006 年 Van Lommel P. 发布于 *Word Futures* 上的文章《濒死经验、意识和大脑》。

类似当一位亲人过世的时候，亲朋好友们会想起那些与逝者度过的美好时光一样。不过在这场景中，逝者是自己，而且所有的事情都要尽快办完，越快越好，所以会把过去的美好时光像电影播放中的快放一样展示出来。还有一种可能的假设是，在极其危险的情况下，大脑试图寻找一个摆脱的解决方案。它的直接反应就是在记忆中试图找到过去的解决方案。

需要承认的是，没有任何一个理论能真正解释为什么过去的生活会在临死之际快速闪过。而且这也不是那些有过"濒死体验"的人讲述的唯一的现象。还有个"隧道"现象，隧道的另一端是"白光"——这肯定是最常规的说法了，但这确实也是在医学文献中有记载的。还有"人格解体"现象，也被称为"人格分离"：有种从自己的身体里脱离，然后从"外界"来观察自己的一切的感觉。有科学家针对这些现象做了统计，最常见的现象是"隧道"和"白光"，然后是"人格分离"，最后是重新看到自己过去的生活（在那些有"濒死体验"的人的讲述中，比例分别是31%、21%和13%）[1]。

这些现象的存在已经被证实了。我们当然也可以认为这证明了在死亡之后还有另外一种生活——这样的话就缺个白胡子老人在"隧道"的另一端等着您，然后根据您生前的道德积分来指导您要么去安逸的天堂，要么下燃烧的地狱……但是对于大部分研究过这些现象的科学家而言，这些有过"濒死体验"的人的描述是可以通

---

1. 来源于2003年 Greyson B. 发布于 *General Hospital Psychiatry* 上的文章《在心脏监护病房濒死体验的发生率和影响》。

过神经元和大脑在心脏骤停后的反应，或是一种对死亡的极端恐惧来解释的：对大脑颞叶的非正常刺激，大量释放的内啡肽，血液中过高的二氧化碳 [1]……

也有几种生理学理论的解释，但都不能完全说明这些现象。看到自己在一个"隧道"中的解释是人的视觉系统内开始缺血和缺氧。"白光"则是分子在视觉系统内剧烈活动，释放了大量的光子，光子会导致产生光幻视（如果我们长时间盯住某一光源的话，也是有可能看到这些光斑的）。除此之外，那些歼击机的飞行员在承受了高加速力后会感到血压下降，也有可能会导致类似的视觉现象。

至于"人格分离"，就是"从外界看到自我"也是可以通过生理机能紊乱来解释的。这也是可以通过用电刺激大脑中颞顶交界处的区域来诱发的 [2, 3]。但是我们也可以从心理学角度来解释"人格分离"：它可以被视为"自我"对死亡危险的抵抗，从"外界"看到自己可以被认为是一种逃离危险的方式。

从自己的体内离开，看到一束漂亮的光线或自己的生活，这些有过"濒死体验"的人的描述非常漂亮。但问题是，为了感觉到这些，得有时间看到自己的死亡。而这个就不确定是不是一个令人愉悦的时刻了，无论有没有白光。

---

1. 来源于 2012 年 Bókkon I., Salari V. 发布于 *Medical Hypotheses* 上的文章《关于在濒死体验中生物发光的光子产生白光的假设 》。
2. 来源于 2011 年 10 月 Mobbs D., Watt C. 发布于 *Trends in Cognitive Science* 上的文章《关于濒死经历没有什么超自然现象：神经科学如何解释看到的白光、与死亡相遇，或者确信你是其中之一 》。
3. 来源于 1976 年 Noyes R., Kletti R. 发布于 *Psychiatry 39* 上的文章《面对危害生命的危险时的人格解体：描述 》。

31.

脱毛会让人更卫生吗?

虽然您不会在裸体自然主义者的海滩上度假，但是您也应该注意到今天的耻骨是平滑的。阴部脱毛已经是流行标准。这其实在女性中已经流行很久了，但是现在男士们也开始了。

时尚嘛，就是今天来，今天走，很正常。但是令人吃惊的是听到那些脱毛支持者会谈到"卫生"这两个字。如果您怀疑的话，只需要到互联网上转悠一圈就能看到这是被他们经常使用的词。看看这位年轻女子在一个专属青少年人论坛里说的："其实我根本不是因为我亲爱的（男友）才去脱毛的，是为了我自己的卫生。"在别的地方，也会有人跟您解释说，"体毛会有味道而且会隐藏微生物"，或者说"将阴部体毛去除会让您有更好的私处卫生"。

这些以卫生为借口脱毛的人，我们倒是感觉他们更多是寻找一种心理借口来对体毛进行围剿。体毛很久以来一直被认为是龌龊的，而今天人们又说是肮脏的。从根本上讲，这两个说法是不是一致呢？如果说是从美观角度来脱毛，我们还是能理解的。但是个人卫生与体毛茂盛又有什么关系呢？个人卫生只涉及水和肥皂。一根体毛经过清洗还是脏的吗？

无论怎样，阴部脱毛并不是今天才出现的行为。在古希腊时代或是在古埃及时期都曾经有过（人们传言说拉姆西斯二世曾经要求他的后宫全部要进行全身脱毛）。后来这种行为到了文艺复兴时代就放松了，在这个时期，妓女们会在自己的耻毛上系一些小丝带，这些小丝带被称为"示爱（faveur）"……肯定是从那时起法语里才多了个谚语 "给予些青睐（accorder ses faveurs）"：当一位女子为您展示些小丝带还包括之后的 [1]……

从绘画上看，最初的耻毛出现在 1800 年，是戈雅(Goya)的那幅《裸体女子》，画面中女子的腹部下段出现了一撮耻毛。但等到 1886 年，库尔贝(Courbet)的那幅《世界的起源》（*L'Origine du monde*） 才看到那令人瞠目结舌的茂盛耻毛。

除了美术馆和自然主义者的裸体海滩，主要是在色情电影中会看到耻毛。20 世纪 70 年代的色情电影女演员是不知道那些脱毛沙龙的。而今天的她们将"零体毛"作为法则，因此我们可以认为之所以阴部脱毛会正常化，与色情电影的普遍化也摆脱不了干系。

世界卫生组织还没有公布关于阴部脱毛的统计数据。但尽管如此还是有过几次调查研究。我们知道，比如在英国，20 岁以下

---

1. 来源于 2002 年 Monestier M. 发布于 *Le Cherche midi* 上的文章《体毛，历史和怪闻》。

的年轻女子中的91%和51岁以上的女性中的68%都选择了全身脱毛[1]。至于男性呢，在澳大利亚做的一项调查表明，无论是部分还是全部，82%的同性恋者和66%的异性恋者都选择了阴部脱毛。

但是脱毛行为也有它的反对者。虽然少见，但确实存在。比如性生态国际行动组织(Mouvement International pour une Écologie Libidinale)，他们的宗旨是"促进自然体毛发展"。在他们的网站上，这个组织强调说"这是一场女权斗争，目的是拥有自己的身体并保证其完整性的权利"。因此，在当时如果一位女性做出决定不脱去腋下体毛，这也可以是战士的行为！女斗士们反对脱毛，因为，根据她们的说法，脱毛会使皮肤更加干燥、脆弱，更容易被感染。

看看，我们又回到了卫生这个问题上。真的是有体毛烦躁症了！不过，根据科学研究，性生态国际行动组织的女权分子们好像是有道理的。卫生调查结果显示，阴部脱毛会导致小伤口和磨伤，继而可能会引起金黄色葡萄球菌扩散，所以是个卫生风险因素[2]。为了防止感染，最好还是保留自己的体毛。

但是对体毛的涉猎不总是理性的，有时会变成强迫症。这也是土耳其赛尔库克大学法医系博士斯拉菲坦·德米尔奇的研究成果所展示的。他研究了2850具尸体。让他感到吃惊的是那些自杀

---

1. 来源于2009年Ramsey S.发布于 *The Journal of Sexual Medicine* 上的文章《阴毛和性欲：综述》。
2. 来源于2006年Trager J.D.K.发布于 *Journal of Pediatric Adolescent Gynecology* 上的文章《阴毛脱除——珍珠和隐患》。

人士的体毛：32% 的自杀人士在世时天天刮掉腋下及阴部的体毛，而在其他因素的死亡人士中，这个比例仅仅是 1%！这当然不是说天天刮掉体毛会引起自杀。但脱毛癖的背后可能隐藏着深深的心理焦虑。

从卫生角度讲，脱毛仅仅对一件事有用：阴虱，这种小生物只能生活在人的阴部体毛中（它的脚太粗，在头发上挂不住）。尼古拉斯·R.阿姆斯通，英国利兹医院的医生，研究了从 1997 年到 2003 年通过性行为传染病症的变化[1]。大多数病症在此期间呈上升趋势（比如淋病在这个期间发病率基本翻番），但是这期间携带阴虱的患者数量减少了三分之二。很符合逻辑，阴虱的群落生活环境减少了，阴虱也少了。如果按照这个节奏，我们都可以说它快成为濒临灭绝物种了，像熊猫、红毛猩猩或白犀牛一样。幸好，没人去抱怨它们的灭绝，我们也很难找到哪个生物多样化保护协会去把阴虱作为他们的徽章。

最后重复一下，不是因为我们有阴部体毛就肯定有阴虱。另外因为"个人卫生"而去脱毛也是很滑稽的，就好像不用洗发液洗发而天天要刮头发一样。

---

1. 来源于 2006 年 3 月 Armstrong N.R., Wilson J.D. 发布于 *Sexually Transmitted Infections* 上的文章《巴西式脱毛是否会毁掉阴部？》。

32.

为什么赛跑冠军都是黑人？

尽管人们怎么说，但还是要承认的是在跑步这个项目上，黑人比白人更优秀。无论是短跑还是长跑都是如此。奥运会百米项目决赛中的选手大部分是黑人，直到 2010 年才看到第一个白人 [克里斯托弗·勒迈特（Christophe Lemaitre）百米成绩在 10 秒以内]。

当然，到这个领域冒险是很危险的。法国极右势力国民阵线的让－玛丽·勒庞曾声言（1996 年 9 月 6 日）："在奥运会上，黑种人和白种人的种族不平等是显而易见的。"了解此人的历史背景，我们可以猜出他下一步要说什么。声称从"种族"角度来讲黑人在跑步项目上更好，就等于让他说白人会在那些更为"高级"的领域占据优势。说黑人在体育项目里有优势，是因为他们源自野蛮的动物，这真是由来已久的成见。

在勒庞之前还有希特勒，他的言论更明显，当他看到杰西·欧文斯在 1936 年柏林奥运会的成功时，说："与文明的白种人做对比，黑人有着原始人的田径优势，因此，他们应该被排斥在奥运会及其他体育竞赛之外[1]。"

还是把这些种族歧视的胡言乱语丢在一边，讨论一下科学吧。

在跑步运动中黑人的优势是否可以由社会和文化环境来解释？必须承认的是在不少非洲国家，比如苏丹和尼日尔，很难有游泳冠军或者是滑雪冠军——甚至训练都没条件。跑步项目是为数不多的几种不需要高额投资训练设施的运动之一。

另外，某种运动在某一国家的发展跟当地人口的体型也有很大关系。从体型角度讲，让身材矮小的非洲俾格米人去练习当举重冠军或者是橄榄球赛上第三条线的运动员（注：多为身材高大的）也是很困难的。话说到这儿，文化影响对于跑步运动来讲，解释不了什么。这种田径运动在各个国家都有。

如果我们再仔细看看比赛的结果，我们可以看到根据不同的赛事，冠军都不是同一批非洲人。那些短跑冠军大多数为那些自己是或祖籍来自西非国家的选手（特别是尼日利亚、加纳）。而长跑冠军则更多是来自东非国家的选手，比如肯尼亚人、埃塞俄比亚人，他们获得的冠军次数最多。

为了解释黑人选手的这种双重优势，学者们做过大量的科学研究。其中大部分的学者都试图围绕生理学特性来解释这些运动员的成绩。比如，美国学者阿德里安·贝杨（Adrian Bejan）比较

---

1. 来源于 2012 年 Leclaire J.P. 发布于 *Grasset* 上的文章《为什么白人跑得不快》。

了短跑运动员和游泳运动员的生理特征[1]。根据他的研究，所有的差异都是因为人体重心，好像是平衡问题。那些来自西非国家的跑步选手的肚脐位置似乎比白人游泳运动员的肚脐位置高三厘米。似乎因为这个，西非国家选手就占据优势了。而对于白人，因为他们的肚脐位置比较低，所以在游泳方面比较有优势。

但是，如果是从体型比较来说，这种研究可以做出无限种。根据不同的研究，对黑人运动员的成绩分析有很多，如果随意列举的话，包括这些内容[2]：氧气吸收、肌肉纤维的伸延或者收缩、脂肪比例、髋部大小、睾丸酮的水平、腿的长度、脚后跟骨头的长度、体温的控制……这还不是完整清单。截至目前还没人去研究脚趾的长度，或者鼻骨的风阻系数，但早晚会有人来研究。最终，这对解释黑人运动员的优势并没带来更多成果……从各个角度去测量这些冠军只是将问题转移。

有些研究员认为黑人的体育优势是自然选择的结果：祖先当奴隶时的艰苦生活使得他们的后代更为结实。但这个理论还需要证明。话说回来，气候环境也对黑人的体育优势有影响。比如我们知道大多数的耐力赛跑冠军是来自非洲东部高海拔的大裂谷高原。这些地区的高海拔还不能完全解释这些问题（地球上还有其他高海拔地区，比如从珠峰到南美安第斯山脉，这些地方都没有出

---

1. 来源于 2010 年 Bejan A. et al. 发布于 *International Journal of Design and Nature* 上的文章《田径运动的速度演化：为什么最快的短跑选手是黑人而游泳冠军是白人》。
2. 来源于 2000 年 Entine J. 发布于 *Public Affairs* 上的文章《禁忌，为什么黑人运动员主导了体育赛事而我们害怕讨论这个问题》。

过杰出的马拉松选手）。但这些非洲耐力赛跑冠军的童年都有过非常多的体育活动，研究表明：400 位肯尼亚选手中的 81% 小时候上学是走着去的，平均距离是 12 公里，每周五天（其他的肯尼亚孩子中只有 22% 是走类似距离的[1]），人们认为这样的锻炼使得这些未来冠军的肺活量增加了 30%。

最后也还是有基因方面的解释。研究人员发现了一个基因[2]，叫 ACTN3，在绝大多数的短跑冠军体内都有这个基因，我们不能排除一个或者一组基因对运动成绩的影响。但是涉及基因，必须极为谨慎：我们想要什么样的基因就能发现什么样的基因。一位学者要找到玩佩弹克铁球 (Pétanque) 或者高尔夫的基因，他也肯定能找到。

当然也不是因为有了短跑冠军的基因您就能是冠军了。训练和自身动力才是决定性的。最近几年，最好的短跑选手都是来自牙买加的，如果不是通过如同插翅般的"训练效果"，怎么解释这么一个小岛国会出现连续的纪录？不管先天生理特性如何，如果没有训练的汗水，这些特性都没用。其实那些种族主义者所不能接受的是"那些黑人是通过他们的训练获得成功的"这个现实。

---

1. 来源于 2000 年 Entine J. 发布于 *Public Affairs* 上的文章《禁忌，为什么黑人运动员主导了体育赛事而我们害怕讨论这个问题》。
2. 来源于 2003 年 Larsen H.B. 发布于 *Comparative Biochemistry and Physiology* 上的文章《中长距离跑领域内肯尼亚的统治地位》。